第五届全国优秀科普作品奖
获奖证书

关庆利同志：

您主编的《海洋小百科全书》一书荣获第五届全国优秀科普作品奖科普图书类三等奖，特颁此证。

二〇〇三年九月

《海洋小百科全书》于 2002 年 5 月出版，2003 年 9 月被中国共产党中央委员会宣传部、中国科学技术协会、中华人民共和国科学技术部、国家广播电影电视总局、中华人民共和国新闻出版总署、国家自然科学基金委员会、中国作家协会联合授予"第五届全国优秀科普作品奖科普图书类三等奖"。本书于 2007 年 10 月修订再版，现再次修订，由中山大学出版社出版。

海洋航运

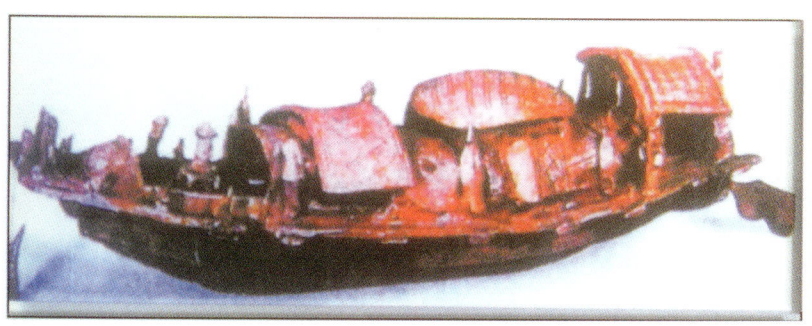

▲ 中国古代陶船模型

▲ 埃及萨卡拉墓中的造船浮雕图

▲ 古代战船

乘风行驶的帆船 ◀

海洋航运

▲ "泰坦尼克"号客轮

◀ 集装箱船

◀ 中国海军远洋综合补给舰

《海洋小百科全书》荣获"第五届全国优秀科普作品奖"

海洋 小 百科 全书

主　编　关庆利
副主编　丁玉柱　彭　垣

海洋航运

孙勇志　刘晓晨　于　华　编著

中山大学出版社
·广州·

版权所有 翻印必究

图书在版编目(CIP)数据

海洋航运/孙勇志,刘晓晨,于华编著.—广州:中山大学出版社,2012.1

(海洋小百科全书/关庆利主编)

ISBN 978-7-306-03568-4

Ⅰ.①海… Ⅱ.①孙… ②刘… ③于… Ⅲ.①海上运输－普及读物 Ⅳ.①U6-49

中国版本图书馆 CIP 数据核字(2009)第 222094 号

出 版 人：徐　劲
策划编辑：蔡浩然
责任编辑：蔡浩然
装帧设计：杨桂荣　贾　萌
责任校对：翁慧怡
责任技编：何雅涛
出版发行：中山大学出版社
电　　话：编辑部 020-84111996，84113349
　　　　　发行部 020-84111998，84111981，84111160
地　　址：广州市新港西路 135 号
邮　　编：510275　　传　真：020-84036565
网　　址：http://www.zsup.com.cn　E-mail：zdcbs@mail.sysu.edu.cn
印　刷　者：佛山市浩文彩色印刷有限公司
规　　格：880mm×1230mm　1/32　9 印张　189 千字　4 插页
版次印次：2012 年 1 月第 1 版
　　　　　2014 年 4 月第 4 次印刷
定　　价：17.80 元

如发现本书因印装质量影响阅读，请与出版社发行部联系调换

海洋航运

▲ 渤海湾大沽灯塔

▲ 航海雷达

▲ 现代船舶驾驶

爱斯基摩人在划轻皮舟 ◀

海洋航运

▲ 旅游船

▶ 水翼船

▶ 散装大宗货轮

▲ 起重船舶在海上作业

序言

海洋是人类的母亲，也是人类千万年来取之不尽、用之不竭的巨大资源宝库。在人类赖以生存的蓝色星球——地球上，蔚蓝色的海洋占有约71%的总面积。

雄踞在这颗蓝色星球的东方、浩瀚无垠的太平洋西岸上的中华人民共和国，不仅拥有960万平方千米的陆地国土，而且还拥有300万平方千米的海洋国土，有着1.8万千米绵延曲折的海岸线。在这浩瀚的蓝色国土上，珍珠般地镶嵌着大大小小6500多个美丽而富饶的岛屿。

勤劳勇敢的中华民族，在古代就凭着自己卓越的智慧和创造力，伐木成舟，劈波斩浪，牵星观月，远渡重洋，以举世瞩目的海洋文明跻身于世界航海强国的民族之林。

21世纪是海洋的世纪，21世纪的主人翁就是今天的青少年朋友。他们不仅是我国的未来和希望，而且必定是21世纪振兴经济和提升海洋科技的主力军。海洋将是青少年朋友报效祖国、振兴中华民族大显身手的辉煌舞台。只有帮助青少年及早地以科学的眼光认识世界的发展，科学地把握未来，早日加入到海洋开发建设的队伍中来，才能更好地发展我国的海洋经济，捍卫我国的海洋权益。未来是海洋的时代，只有让广大的青少年了解海洋、接近海洋、认识海洋，才能把握海洋、开发海洋、利用海洋和捍卫海洋权益，为祖国的海洋开发建设作贡献,为中华民族的子孙后代造福。为了提高中华民族的海洋文化素质,再铸中华民族海洋文明的辉煌,使我国成为21世纪的海洋强国,有识之士必须从现在做起,从青少年抓起,全面培养我国青少年的海洋意识,普及海洋科学知识,提高海洋科技技能,增强蓝色国土观念和捍卫海洋权益的责任感、使命感。从这个意义上说,在人类进入21世纪的伟大时代,在全球开始创造海洋经济的伟大时刻,在世界日益关注海洋权益的今天,出版这套经过缜密修订的全面、系统、科学地介绍海洋知识的《海洋小百科全书》,无疑是奉献给我国青少年朋友的一份珍贵礼物,是激发青少年的海洋兴趣、增长海洋知识、普及海洋文化、宣传海洋文明、提高海洋素质、促进海洋教育所做的一件功在当代、利在千秋的非常具有实践成就和指导意义的工作。

绚丽多姿的海洋召唤着青少年朋友们去探索和揭秘,无穷无尽的海洋宝藏等待着有志于海洋事业的青少年朋友们去开发和利用。这套图文并茂、深入浅出的《海洋小百科全书》,必将以丰富的知识性、深刻的思想性和高雅的趣味性,成为青少年朋友在蓝色海洋里成长、成才的良师益友。

祝愿青少年朋友读完这套书后能够早日成为大海的骄子,为把祖国建设成伟大的海洋经济强国和海洋科技强国贡献自己宝贵的青春和智慧。

国家海洋局局长:孙志辉

2010年4月6日

海洋航运

目 录

一、船舶千秋史话

1. 原始人是怎样过河的? ……………………………… (2)
2. 原始社会的船究竟是什么样的? ………………… (3)
3. 木板船是怎样发明的? ……………………………… (4)
4. 古代的风帆船是何时产生的? …………………… (5)
5. 什么是三桅帆船? …………………………………… (6)
6. 我国古代有风帆船吗? ……………………………… (6)
7. 古代的帆船能逆风行驶吗? ……………………… (7)
8. 我国古代的"沙船"是用来挖沙的吗? ………… (8)
9. 我国古代的"鸟船"是一种仿鸟船吗? ………… (9)
10. 什么是广船? ………………………………………… (9)
11. 我国古代的福船是什么形状的? ………………… (10)
12. 我国的龙舟竞渡起源于何时? …………………… (10)
13. 郑和下西洋使用了哪些类型的船舶? …………… (11)
14. 为什么我国古代的船舶不容易沉没? …………… (13)
15. 世界上第一艘帆驶油轮是哪一艘? ……………… (13)
16. 现代风帆船具有什么特点? ……………………… (14)
17. 近代船舶是怎样运用蒸汽机作动力的? ………… (15)
18. 世界上第一艘蒸汽动力船舶诞生于何时? ……… (17)
19. 近代中国拥有自己的蒸汽机明轮船吗? ………… (18)
20. 为什么现代大型船舶被称为"轮船"? ………… (19)
21. 横渡大西洋第一艘最快的蒸汽机船是哪一艘? … (19)

22. 在蒸汽机船时代为什么还要建造大型帆船？……（20）
23. 最早的铁壳船是怎样被人们接受的？…………（21）
24. 世界上第一艘铁壳船是哪一艘？………………（21）
25. 世界客船运输是怎样发展起来的？……………（22）
26. 大型客船时代是怎样到来的？…………………（23）
27. 大型定期客轮为什么被称为邮船？……………（24）
28. 为什么大型远洋客船会消失？…………………（25）
29. 什么是旅游客船？………………………………（25）
30. 汽车客船的用途是什么？………………………（26）
31. 什么是滚装客货船？……………………………（27）
32. 什么是内河客船和小型高速客船？……………（27）
33. 杂货船的运输用途是什么？……………………（28）
34. 炼钢用的矿石是怎样运来的？…………………（28）
35. 什么是集装箱船舶？……………………………（29）
36. 为什么把载驳船叫作"子母船"？………………（30）
37. 世界上最早设计制造出自卸船是哪个国家？……（31）
38. 什么是"海上巨无霸"？…………………………（31）
39. 为什么超导船被人们称为"理想之舟"？………（32）
40. 为什么冷藏船一般为乳白色？…………………（33）
41. 破冰船为什么能够破冰？………………………（33）
42. 破冰船是怎样引导船舶航行的？………………（34）
43. 世界上第一艘气垫船是怎样产生的？…………（35）
44. 为什么说气垫船是最为神奇的高速船？………（36）
45. 为什么要建造双体船？…………………………（36）
46. 双体船是怎样转向的？…………………………（37）
47. 世界上有穿浪双体船吗？………………………（38）
48. 为什么说穿浪型高速双体船最适合做海上"的士"？…（39）
49. 世界上最大的高速双体船是哪一艘？…………（39）
50. 当今世界上最大客轮是哪一艘？………………（40）

51. 全球最大的私人游艇是哪一艘? ……………………… (40)
52. 水翼船为什么能达到很高的航行速度? ……………… (41)
53. 世界上有风筝动力的货轮吗? …………………………… (42)
54. 什么是巴拿马型船? ……………………………………… (43)
55. 为什么要建造超巴拿马型集装箱船? …………………… (44)
56. 世界第一艘太阳能国际渡船是何时投入营运的? ……… (44)
57. 最寂静的船舶是哪一艘? ………………………………… (45)
58. 有没有会摇尾巴的船舶? ………………………………… (46)
59. 什么是复合型多体船? …………………………………… (46)
60. 流网渔船是如何捕鱼的? ………………………………… (47)
61. 灯光围网渔船的用途是什么? …………………………… (47)
62. 拖网渔船只是用来捕鱼的吗? …………………………… (48)
63. 什么是捕鲸船? …………………………………………… (49)
64. 渔业加工母船的用途是什么? …………………………… (49)
65. 目前世界造船业应用了哪些新技术? …………………… (50)
66. 国际邮轮服务市场前景如何? …………………………… (51)

二、航海妙趣万千

67. 为什么用钢铁造的大型轮船能浮在水面上? …………… (53)
68. "海里"的长度是怎样确定的? …………………………… (54)
69. 为什么船舶速度单位要用"节"来表示? ………………… (54)
70. 为什么以"吨"作为船舶装载能力单位? ………………… (55)
71. 为什么船舶速度不易达到很高? ………………………… (55)
72. 船舶上的锚有什么用途? ………………………………… (56)
73. 锚是怎么将万吨巨轮停泊在海上的? …………………… (56)
74. 为什么船要逆水抛锚? …………………………………… (57)

75. 世界上最重的船用螺钉有多重? …………………… (57)
76. 轮船会遭雷击着火吗? ………………………………… (58)
77. 为什么1994年以后交货的油轮船必须是双底双壳? … (58)
78. 为什么巨型船舶船首水面下有一个"大鼻子"? …… (59)
79. 为什么会产生"船吸现象"? ………………………… (60)
80. 为什么船舶的舷窗都是圆形的? …………………… (61)
81. 远洋船舶一般能连续航行多远? …………………… (61)
82. 现代船舶到底能航行多快? ………………………… (62)
83. 船用淡水是从哪里来的? …………………………… (62)
84. 船用造水机是怎样制造淡水的? …………………… (63)
85. 船用造水机造的水能不能长期饮用? ……………… (63)
86. 海水能作船舶机械的冷却水吗? …………………… (64)
87. 为什么与海水接触的设备上要装有锌块? ………… (64)
88. 为什么大部分客船在造型上采用梯形或塔形上层
    建筑形式? …………………………………………… (65)
89. 为什么船舶外观多数为上明下暗? ………………… (66)
90. 为什么船上的娱乐场所多选用红色? ……………… (67)
91. 船舶是怎样用舰首、桅杆、烟囱来显示气势的? … (68)
92. 为什么会感到船在江河中航行速度快? …………… (68)
93. 为什么航行在大海中的船舶需要十分精确的时间? … (68)
94. 在海中航行怎样知道海水的深度? ………………… (69)
95. 指南针的发明与列强入侵我国有什么关系? ……… (69)
96. 指南针所指的"南"是十分准确的南方吗? ……… (70)
97. 为什么在航行中指南针会失灵? …………………… (70)
98. 如何在夜间用最简易的方法判断方向? …………… (71)
99. 白天在大海中航行迷失了方向怎样办? …………… (71)
100. 海面上明显的水色界线是怎么产生的? ………… (72)
101. 轮船为什么总是逆水靠岸? ……………………… (72)
102. 轮船是怎样急"刹车"的? ……………………… (73)

103. 船舶为什么要选址抛锚? ……………………………… (74)
104. 船员怎么会遇到一天不是24小时的"怪现象"? …… (74)
105. 为什么船员日历上的一页却要过两天? ……………… (75)
106. 跨时区航行时是怎样改变船舶钟表时间的? ………… (76)
107. 为什么站在甲板上时间长了全身会感到粘湿的? … (77)
108. 空中的船舶是怎么来的? …………………………… (77)
109. 为什么船舶经常是夜间遭受雷雨袭击? …………… (78)
110. 海豚群在船周围乱窜预示着什么? ………………… (78)
111. 为什么海水冒泡、变脏就预示天将转阴呢? ……… (79)
112. 为什么在浅水区航行时船体会下沉? ……………… (80)
113. 怎样通过日、月、星辰确定船舶位置? …………… (80)
114. 最简单推算出船舶位置的方法是什么? …………… (81)
115. 什么是天文导航? …………………………………… (82)
116. 什么是航路? ………………………………………… (82)
117. 什么是磁罗经? ……………………………………… (82)
118. 什么是海事卫星组织? ……………………………… (83)
119. 怎样用互联网预报海盗? …………………………… (84)
120. 为什么在大风侵袭前海面会出现短暂的平静? … (85)
121. 为什么船舶不能紧贴冰山航行? …………………… (85)
122. 船舶在大风浪中航行遇险时为什么要向海面
 撒油? ………………………………………………… (86)
123. 船舶在风暴中是否可以掉头? ……………………… (87)
124. 风暴中航行的船舶应增速还是减速? ……………… (87)
125. 压舱水对空船航行有什么作用? …………………… (88)
126. 船舶是如何躲避台风的? …………………………… (88)
127. 为什么台风眼里没有风? …………………………… (89)
128. 为什么在中、高纬度的北大西洋冬季狂风恶浪特
 别多? ………………………………………………… (90)
129. 为什么感觉摇晃越厉害的船却越不容易翻? ……… (91)

130. 为什么在弃船后还要迅速离开？ ………………… (91)
131. 严重缺少淡水时能不能饮用海水？ ……………… (92)
132. 在海上严重缺水时能不能饮用尿？ ……………… (93)
133. 大海中的"淡水井"是怎样形成的？ ……………… (93)
134. 为什么在低温海区逃生时还要多穿几层衣服？ …… (94)
135. 为什么在冷水中应避免通过游泳或饮酒取暖？ …… (94)
136. 人浸泡在低温水中可生存多长时间？ …………… (95)
137. 为什么遇难船舶沉没海域会有鲨鱼出没？ ……… (95)
138. 鲨鱼袭击人有什么规律？ ………………………… (96)
139. 在海水中要采取哪些防鲨措施？ ………………… (97)
140. 船舶在什么情况下要挂满旗、下半旗？ ………… (98)
141. 世界上最大的港口是哪一个？ …………………… (99)
142. 集装箱是怎样发明的？ …………………………… (99)
143. 集装箱运输是什么时候开始的？ ………………… (100)
144. 世界上首先尝试发展集装箱运输的公司是哪一个？
  …………………………………………………… (101)
145. 国际集装箱运输的最高目标是什么？ …………… (101)
146. 世界重要的集装箱运输公司有哪些？ …………… (102)
147. 为什么说集装箱运输是海洋运输的一场革命？ … (103)
148. 集装箱技术是如何把海、陆、空运输连为一体的？ … (104)
149. 集装箱船舶运输效率有多高？ …………………… (105)
150. 世界上集装箱集散最多的港口有哪些？ ………… (105)
151. 集装箱上为什么也装备 GPS？ …………………… (106)
152. 为什么说苏伊士运河是欧、亚、非洲的交通枢纽？ … (107)
153. 为什么说巴拿马运河是世界第二大运河？ ……… (107)
154. 美国为什么要承接巴拿马运河建造工程？ ……… (108)
155. 为什么称绕道好望角的航线为"鬼门关"？ …… (108)
156. 麦哲伦环球航行走的是什么路线？ ……………… (109)
157. 现在环球一周要航行多少海里？ ………………… (110)

158. 海损事故星期五最多吗? ……………………… (110)
159. 轮船向西、北、东、南方向各航行 100 海里能回到原地吗? ……………………………………… (111)
160. 你知道我国五分纸币上的船舶背后的故事吗? …… (112)
161. 新中国第一位远洋运输船长是谁? ……………… (112)
162. 虞洽卿是如何成为中国近代航运巨头的? ……… (113)
163. 为什么将每年的 7 月 11 日定为中国的"航海日"? …………………………………………………… (113)

三、惊涛铸造奇闻

164. 古代船舶上为什么有"眼睛"? ………………… (116)
165. 你见过用植物纤维编织的海图吗? …………… (116)
166. 你相信船舶能识路吗? ………………………… (117)
167. 你知道"敲竹杠"的由来吗? …………………… (117)
168. 为什么古代的远航船员易患坏血病? ………… (118)
169. 腓尼基人是怎样完成环航非洲的? …………… (120)
170. 你知道"好望角"名字的由来吗? ……………… (120)
171. "海上马车夫"是指哪个国家? ………………… (122)
172. 世界上漂流时间最长的船舶是哪一艘? ……… (122)
173. 一条鱼是怎样救了全船人的性命的? ………… (123)
174. 第一个死于艾滋病的船员是谁? ……………… (123)
175. 世界上第一个信箱是怎样产生的? …………… (124)
176. 鲸鱼拉船的梦想能实现吗? …………………… (125)
177. 格陵兰岛的含义是什么? ……………………… (126)
178. 西印度群岛之名是怎样来的? ………………… (127)
179. 为什么阿根廷不产白银却将国名寓意为"白银"? …………………………………………………… (128)

180. 用石头能造船吗？……………………………………(129)
181. 欧洲人为什么把饼干称为"比斯开"？………………(130)
182. "啤酒焖牛肉"这道名菜是怎样产生的？……………(130)
183. 当今世界最大的船舶在哪里？………………………(130)
184. 历史上遇难的最大海轮是哪一艘？…………………(131)
185. 航海史上最不吉利的船舶是哪一艘？………………(132)
186. 声波为什么能成为神秘的海难杀手？………………(132)
187. 美国"神圣处女"号上的船员是怎样失踪的？………(133)
188. "莫洛·卡斯"号客轮火灾疑案是怎么回事？………(134)
189. "阿波丸"号船是怎样重见天日的？…………………(135)
190. "良荣丸"为什么在太平洋上漂流了330天？………(136)
191. 中国"德宝"号货轮是怎样遇难的？…………………(137)
192. "基兰"石油钻井平台为什么会倾覆？………………(138)
193. "卡斯基依·别尔维尔"号怎么会突然爆炸？………(139)
194. 世界最大的油轮海难事故在哪里发生？……………(139)
195. 为什么将海盗称为人为海难？………………………(140)
196. 意大利"阿基莱·劳罗"号客轮是如何被劫持的？…(141)
197. 世界上有"鬼船"吗？…………………………………(141)
198. 海底沉船知多少？……………………………………(142)
199. 沉船是怎样被打捞上来的？…………………………(143)
200. 为什么会掀起海底寻宝热？…………………………(144)
201. 海底沉船上的珍宝有多少？…………………………(144)
202. 世界上最大的海底宝藏在哪里？……………………(145)
203. 捉龙虾能捉到珍宝吗？………………………………(145)
204. 你相信拣贝壳竟会捡到金条吗？……………………(146)
205. 这些海底珍宝应该属于谁？…………………………(146)
206. 为打捞"那希莫夫"号断送了多少性命？……………(147)
207. 为什么珍宝打捞出来后打捞者却入了狱？…………(148)
208. "圣·朗诺"号真的幸运吗？…………………………(148)

海洋航运

209. 是谁将美国西基城炸掉了三分之一？ …… (149)
210. 为什么一艘货船竟将两架军用飞机炸得粉碎？ …… (151)
211. 孟买港为什么会瘫痪达半年之久？ …… (151)
212. 他们死得冤不冤？ …… (153)
213. 黄金为什么会飞进穷舍？ …… (153)
214. 为什么百慕大三角区被称为舰船的坟墓？ …… (154)
215. 近年来有哪些船舶在百慕大三角区失踪？ …… (155)
216. 船上的船员到哪里去了？ …… (156)

四、中国航运今昔

217. 我国最早的大规模航海活动开始于何时？ …… (158)
218. 为什么说鉴真是一位伟大的航海家？ …… (158)
219. 你知道宋朝徐兢航海出访高丽的故事吗？ …… (159)
220. 我国古代的"海上丝绸之路"在哪里？ …… (159)
221. 我国何时将指南针应用于航海活动？ …… (161)
222. 我国古代的航海图有哪些？ …… (161)
223. 航路指南有什么重要作用？ …… (161)
224. 古代"针路簿"的作用是什么？ …… (162)
225. 中国古代的"市舶司"的职能是什么？ …… (162)
226. 郑成功是怎样经营远洋贸易的？ …… (163)
227. 郑和下西洋是怎样传播华夏文明的？ …… (164)
228. 明清时期是怎样推行"禁海"政策的？ …… (165)
229. 近代中国航运业是怎样兴起的？ …… (165)
230. 中国近代发展商船运输的争论有哪些？ …… (167)
231. 你知道我国最早的轮船航运企业吗？ …… (167)
232. 近代中国的主要造船工厂有哪些？ …… (168)

9

233. 招商局轮船是怎样回到祖国怀抱的？ …………… (169)
234. 新中国第一艘悬挂五星红旗的远洋船舶是哪艘？ … (169)
235. 新中国第一家国际海运企业是什么时候成立的？ … (170)
236. 新中国第一家合资轮船公司是哪一个？ ………… (171)
237. 新中国首航美国的远洋船舶是哪一艘？ ………… (172)
238. 新中国成立后美国商船是怎样首航中国的？ …… (172)
239. 新中国第一艘国产货轮是怎样沉没的？ ………… (173)
240. 你知道中国航运史上的"泰坦尼克"号事件吗？ …… (174)
241. 我国远洋船舶承担过紧急救援任务吗？ ………… (174)
242. 新中国第一艘由台湾装货运往大陆的船舶是哪一艘？ ………………………………………… (175)
243. 现代中国船王和他的公司今何在？ ……………… (176)
244. 包玉刚先生是如何发展航运事业的？ …………… (176)
245. 董浩云先生是怎样成为香港航运巨子的？ ……… (178)
246. 新中国远洋航运事业发展的战略方针是什么？ … (178)
247. 新中国是如何发展航运事业的？ ………………… (179)
248. 新中国成立后我国建立了哪些合资航运公司？ ………………………………………………… (180)
249. 新中国在国外订造的第一艘远洋货轮是哪艘？ … (181)
250. 新中国成立后中日间海上客运航线是何时开辟的？ …………………………………………… (182)
251. 震惊航运界的"风庆轮事件"是怎样发生的？ … (182)
252. "银河"轮是怎样揭露美国霸权主义嘴脸的？ … (183)
253. 我国的黄金水道在哪里？ ………………………… (184)
254. 我国最大的内河运输企业是哪一个？ …………… (185)
255. 我国远距离客滚装运输开始于什么时候？ ……… (185)
256. 我国海上救助的最大船舶是哪一艘？ …………… (186)
257. 祖国大陆与台湾省的"试点直航"开始于何时？ … (186)
258. 我国最大的浮船坞在哪里？ ……………………… (187)

海洋航运

259. 我国最大的远洋运输企业是哪一家？ ……… (188)
260. 当今世界最大集装箱港区在哪里？ ………… (188)
261. 近代中国第一家经营海上保险的公司是谁？ … (189)
262. 近代中国海上保险业的发展情况如何？ ……… (190)
263. 我国最大的海上保险公司是哪一家？ ………… (190)
264. 远洋船舶是怎样援助坦赞铁路建设的？ ……… (191)
265. 你知道新中国开辟南北海上航线的经过吗？ … (192)
266. 我国最大的外轮代理企业是哪一个？ ………… (193)
267. 我国船舶代理公司经营哪些业务？ …………… (193)
268. 什么是中国航运市场的"晴雨表"？ ………… (194)
269. 我国的集装箱船队有多大规模？ ……………… (195)
270. 我国集装箱运输是于何时开始的？ …………… (196)
271. 我国第一艘第五代集装箱船是何时投入商业运营的？ ……………………………………………… (196)
272. 我国集装箱船队的发展现状如何？ …………… (197)
273. 我国专用集装箱码头的建设情况如何？ ……… (198)
274. 我国海上救助打捞业发展状况如何？ ………… (199)
275. 我国现在的远洋运输实力怎样？ ……………… (199)
276. 我国远洋船队的船舶结构如何？ ……………… (200)
277. 目前我国船队规模位居世界第几位？ ………… (201)
278. 目前我国造船量位居世界第几位？ …………… (201)
279. 中国最大的船用曲轴是哪里制造的？ ………… (202)
280. 我国船舶检验机构的现状如何？ ……………… (203)
281. 我国海事局的主要职能有哪些？ ……………… (203)
282. 我国航运业开放的标志性事件有哪些？ ……… (204)
283. 我国班轮航运市场的开放格局是怎样的？ …… (204)
284. 我国最大的航海院校是哪一所？ ……………… (204)
285. 世界第一所海上大学是何时建立的？ ………… (205)
286. 你知道我国最大吨位的海上浮式生产储油装

置吗？ …………………………………………… （206）
287. 我国的新"十大名船"都是谁？ ……………… （207）
288. 我国建造的最大吨位的油轮是哪一艘？ …… （208）
289. 你知道我国的大吨位活鱼运输船吗？ ……… （209）
290. 世界第一艘游艇专用运输船是哪里制造的？ … （210）
291. 我国有自主建造的无人机舱船舶吗？ ……… （211）

五、航运业务趣谈

292. 船舶也有国籍吗？ ……………………………… （213）
293. 船舶可以任意悬挂国旗吗？ …………………… （213）
294. 我国的远洋船舶只能悬挂五星红旗吗？ ……… （214）
295. 为什么要挂方便旗？ …………………………… （214）
296. 远洋船舶悬挂国旗有哪些规定？ ……………… （215）
297. 国际航行的船舶是怎样悬挂信号旗的？ ……… （215）
298. 船舶挂满彩旗是怎么回事？ …………………… （216）
299. 什么是航行权？ ………………………………… （216）
300. 海上拖航有什么作用？ ………………………… （217）
301. 外国航运公司在我国享有哪些待遇？ ………… （217）
302. 船员是一种什么样的职业？ …………………… （218）
303. 船员应该具有哪些素质？ ……………………… （219）
304. 长期在海上工作使船员心理状态有什么变化？ … （220）
305. "海员"这个称呼在中国是怎样产生的？ ……… （220）
306. 船长的职责是什么？ …………………………… （222）
307. 船舶上的船员分成几个部门？ ………………… （223）
308. 轮机部各船员的职能是怎样划分的？ ………… （223）
309. 甲板部各船员的职能是怎样划分的？ ………… （224）

海洋航运

310. 从船员升为船长需要多长时间？ ……………… (224)
311. 每一位船员都能成为船长吗？ ………………… (225)
312. 我国的远洋船舶上是否配备过女船员？ ……… (226)
313. 我国海员参加过国际海员运动会吗？ ………… (226)
314. 远洋船舶运输的货物有哪些种类？ …………… (226)
315. 船载货物都必须装在甲板下的货舱内吗？ …… (227)
316. 海上承运人的基本法律义务是什么？ ………… (228)
317. 什么是船舶引航权？ …………………………… (229)
318. 船长对引航的船舶有没有管理权？ …………… (229)
319. 所有船舶的法律地位一样吗？ ………………… (230)
320. 海上共同海损制度有什么特殊性？ …………… (230)
321. 海上损失是否由受益人分摊？ ………………… (231)
322. 货主能否得到海损的全额赔偿？ ……………… (232)
323. "阿莫科·卡迪兹"海难对救助业产生了什么
     影响？ …………………………………………… (232)
324. 救助海上油污的船舶能否得到救助报酬？ …… (233)
325. 船舶在海上救助人命应获得报酬吗？ ………… (234)
326. 海上救助作业仅仅限于救助船舶吗？ ………… (235)
327. 世界上第一张海上货运保险单出现于何时？ … (236)
328. 世界最大的海上保险业市场是怎样兴起的？ … (237)
329. 船东互保协会和商业性保险公司一样吗？ …… (238)
330. 船舶投保后遇险都能获得保险赔偿吗？ ……… (238)
331. 哪些船舶和货物的损失不予赔偿？ …………… (239)
332. 海上保险合同是否带有赌博色彩？ …………… (240)
333. 在海上抢救风险产生的费用由谁来承担？ …… (241)
334. "托雷·卡尼翁"号油污事故是怎样促进国际油污
     损害立法的？ …………………………………… (242)
335. 外国船舶能从事我国沿海运输和拖航吗？ …… (243)
336. 外国船舶在我国领海实施救助作业是否享有优

先权？……(243)
337. 国际航行的船舶应具备哪些证书和文件？……(244)
338. 为什么说船舶不是人却像人？……(244)
339. "埃克森·瓦尔迪兹"号油污事故与美国立法有什么关系？……(245)
340. "泰坦尼克"号悲剧唤醒了什么？……(245)
341. 海上航行船舶和人命安全的崇高目标是什么？……(246)
342. 国际海上拖航有哪些方式？……(247)
343. 在港内拖助船舶靠泊也是海上拖航行动吗？……(249)
344. 世界最大的租船市场在哪里？……(250)
345. 为什么说波罗的海运费指数是国际航运市场的晴雨表？……(250)
346. 波罗的海航运市场为国际租船业作了哪些贡献？……(251)
347. 美国海岸警卫队是一个军事队伍吗？……(252)
348. 船舶属于"浮动的国土"吗？……(253)
349. 海浪会造成远洋货轮碰撞吗？……(254)
350. 远洋货轮可以改为军舰吗？……(254)
351. 海上运输方式有哪几种？……(255)
352. 海上承运人是怎样划分的？……(256)
353. 没有自己的船舶而承运他人货物是否属于欺诈？……(257)
354. 航次租船有什么特殊规则？……(258)
355. 租用他人船舶的供应是如何解决的？……(259)
356. 海上运输中使用什么作凭证？……(259)
357. 船舶是怎样纳税的？……(260)
358. 外国船舶在港口停留时能任意装卸货物吗？……(261)
359. 从事国际运输的船舶可以随意携带物品吗？……(262)
360. 物流的发展对海运业有什么作用？……(263)

编后记……(264)
《海洋小百科全书》分类目录……(265)

海洋航运

船舶千秋史话

1. 原始人是怎样过河的？

早在远古时代，我们人类的祖先是以渔猎为生，依傍水草或森林居住。原始祖先仅仅能使用一些极其简单的天然工具和稍经加工的石块、木棒和骨器等，就连最简单

的小木艇筏、小木渔船等水上活动工具都没有。面对深水区近在咫尺的鱼群，可望而不可得；河对岸的野兽，可见而不能猎；突然受到洪水、猛兽袭击也来不及逃避就被淹溺而死或被吞食。在漫长的与自然界斗争的岁月里，他们观察到落叶可以漂在水面上，朽木可以浮于河面而为舟，逐步认识了物体具有浮力和承载一定重量的作用，原始人类就用石刀、石斧将树木砍倒，手扶树干涉水过河，或者将树木放到河水中载人过河。

人类的祖先率先发展了农牧业和种植业，他们广泛种植各种农作物，在种植和收获过程中，他们发现一种叫葫芦的植物果实具有体轻、浮力大的优点，就大胆尝试用成熟的葫芦连在一起浮于水面，以供载人或将收获的果

实运过河。在盛产葫芦的地方,原始人还学会了抱着葫芦过河。这些原始的渡水工具大约沿用了几万年之久。

在原始社会的漫长岁月中,人类的祖先曾经使用树木、葫芦等帮助他们渡过难关,以便在恶劣的环境条件下生存下来。树木、葫芦等就是原始社会最早的船舶的雏形,也是人类发展和繁衍的有功之臣。今天人们广泛应用的各种先进船舶,正是由此受到启发而逐步发展起来的。

2. 原始社会的船究竟是什么样的?

如今的海上巨轮,起源于一叶小舟,而船舶产生的具体时间已无从考证。据考古发现,最早的独木舟距今大约有1万多年的历史,"以木为舟"就是人类最早、最原始的造船方法。

当人类进入新石器时代以后,生产工具有了很大的改进,已经能制造出石斧、石刀等工具,并已能人工取火。但是,用这些工具要想将一根圆木做成一只独木舟,是非常艰难的。于是,人类的祖先根据生活中用火的经验,把火也用于造船,同石斧等配合使用。一根树干,除了要挖掉的地方

中国出土的古代木船

外,将其他表面都涂上一层厚厚的泥巴,然后用火烧烤要挖掉的部分。这样,有泥巴的地方木材烧不掉,就被保存

下来;没有泥巴的地方被火烧成一层炭,然后再用石斧将其砍去。这样把火和石斧轮番使用,终于独木成舟,浑然一体,造出了最原始的船。从此,人类的活动范围扩大了,他们可以跨江渡海,开拓新的天地,也可以乘载独木舟采集果实和食物,躲避猛禽野兽的袭击,于是原始人抵御自然的能力得到了很大提高。独木舟的制造和使用,是人类文明历史上的一件大事,它标志着人类最早的船舶的诞生。

3. 木板船是怎样发明的?

人类社会历经了漫长而愚昧落后的原始社会后,随着征服自然的能力和生产力的提高,各种生产工具和交通工具也日趋进步。继独木舟和简单的木筏之后,人类

中国古代木板船复原图

的祖先又发明了简单的木板船。我国的夏朝到春秋时期,正是奴隶社会的鼎盛阶段,勤劳智慧的人们用自己的智慧和双手创造出了日趋复杂的木板船,并把它应用于

运输和战争中。周朝初期,我国人民已开始了海上渔猎活动,航海和捕鱼的主要工具就是木板船。世界文明古国也相继制造和使用了木板船。公元前3000年左右,古埃及人沿袭了古代扎制和捆绑草船的传统工艺,并运用铁器和青铜器等,制造出了木板船,木板船就是在适应尼罗河流域农业文明的发展和日益频繁的运输活动中产生的。后来,古希腊人又得益于古埃及人的造船技术和工艺,制造出了自己独有的木板船。他们把木板船的船身扩大,货舱加深,船舷提高,由两层木桨作动力,无论航行速度,还是运输能力以及安全性都大大提高。木板船是人类社会文明发展的重要里程碑。

4. 古代的风帆船是何时产生的?

"帆船"中的"帆"是一种最古老、最具生命力而且也是最单一的一种工具。人类曾经利用它把大自然的能量转变成运输的动力。早在古埃及文明时期,埃及人就在船上安上了帆,航行于尼罗河上。到了罗马时期,随着商品经济的发展和海上贸易的增多,帆船的性能也随之提高。当时在船上新增了顶帆和船首帆,这样帆就能利用不同的风向来调整航向了。后来,一直到阿拉伯人在他们的

古阿拉伯的三角风帆船

独桅船帆船上安装了船首和船尾帆以及大三角帆,船舶

才可能逆风行驶了,中国的平底帆船与它也有相同之处,中国平底帆船的多桅造型很好地运用了空气动力学。马可·波罗在他的游记里对中国平底帆船的描述就是西方了解中国平底帆船的开始。这种平底帆船利用船舵和可调整的帆来行驶,船身的横向舱板有许多水密式隔间,这样即使有的地方漏水,也不至于全船沉没。

5. 什么是三桅帆船?

三桅帆船是15世纪至16世纪欧洲的标准船型。它的适航性能比中国的平底帆船稍差一些,但它的设计却结合了两种船型的优点。一是维京式长船,船上装配了尾舵、方形帆和船首斜桅,船身宽而深,船尾上有堡垒式船桥;二是拜占庭式的轻快帆船,它结合了古代腓尼基式圆船的结构和阿拉伯人的三角帆具。两种船型的结合使它具有极佳的稳定性和适航性。当时,正值中国明朝时期,闻名于世的郑和下西洋就显示了中国当时先进的造船技术,郑和的"宝船"长132米,宽54米,平均每条船可坐450人,船锚需两三百人才能抬起,船体采用隔舱,即使触礁也不会沉没。同时,由于船上使用了航海图和指南针使海上航行更加平稳。

6. 我国古代有风帆船吗?

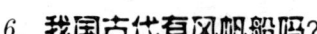

在19世纪之前,曾经在海上风靡一时的风帆船为人类历史的进步作出了不可磨灭的贡献,但对于风帆船产生的具体时间已经很难考证。考古学家在埃及的出土文物中,发现了一只陶瓷碗。这只陶瓷碗上最吸引人的地方,在于上面绘有一条单桅木帆船的图案。根据陶瓷碗的年代，人们推断出人类早在5000多年前就已经使用风帆了。其实，风帆船在我国也有着悠久的历史。据记载，公元前后我国的帆船已航行到印度、东南亚等地，为开辟海上丝绸之路立下了不朽的功勋。从公元7世纪起，我国的风帆船就以设计精美、载运量大、结构牢固、适航性好而著称于世，频繁往来于海上丝绸之路，在太平洋、印度洋上称雄达千年之久。特别是从1405年至1433年的28年间，我国著名航海家郑和率领庞大的船队，7次下西洋，访问了37个国家，完成了世界航海史上空前的壮举。

古代的风帆船是以自然风力为动力，逐渐取代了木桨作动力的木板船，使得船舶的航行速度和远航能力进一步提高，人类活动的范围也急剧拓展，极大地促进了人类社会文明的飞

古代风帆船复原图

跃和发展。直到今天，人们在碧波浩渺的海湾和湖泊，仍能欣赏到风帆点点的渔船和旅游船只，令人赏心悦目。在一望无际的大海上，你也许能有幸目睹万吨远洋货轮扬帆远航的身影。风帆船在我们的现实生活中仍扮演着特殊的角色！

7. 古代的帆船能逆风行驶吗？

帆是一种最古老、最持久也是最单纯的船舶动力，它

将大自然的能量转变成运输的动力,推动船舶前进。在19世纪中叶之前,确实没有任何动力可以动摇它在航海船只上的霸主地位,即使到了今天,风帆仍广泛应用在休闲活动的船只中。大约在公元前3000年,埃及人在船上装上帆桅和方形帆布之后,借着尼罗河上盛行的逆河风向驾船向上游行驶。到了罗马时期,往来于海上的贸易商在船上又增加了顶帆和船首帆,这些新加的帆能调整方向以便利用各种不同方向吹来的风。公元3世纪,阿拉伯人在他们的独桅帆船上安装了船首和船尾帆具以及大三角帆。古代的帆船上因为装配了可以调节和利用各种风向风力的风帆,使船只的航行环境和航行条件明显得到改善和提高,真正可以在全天候下自由航行活动。

8. 我国古代的"沙船"是用来挖沙的吗?

沙船与福船、广船、鸟船合称为我国古代的四大航海船型,是我国古代劳动人民智慧的结晶。沙船始见于唐代的长江下游,宋代时称为防沙平底船,元代称为平底船,明代嘉靖年初始称为沙船。在清代道光年间,沙船发展到极盛时期。沙船的特征是平底,平头,尾部有出艄,身长面扁,吃水较浅,稳定性好,航行阻力小,能适应浅水沙海

我国明朝的沙船图

区域航行,因此称为沙船。它也常在长江口以北的黄海、渤海海面航行。

9. 我国古代的"鸟船"是一种仿鸟船吗?

鸟船是我国明清时期浙江、福建沿海一带使用的一种小型快速船只。它的船头较大,船身较宽而且长直,除了设有桅帆外,船身两侧设有橹,有风时可以扬帆,如果海上无风时可以摇橹航行,船体行驶非常灵活,就好像一只飞翔的鸟儿!古人就是从展翅飞翔的鸟儿身上得到启发,在航海活动中发明了鸟船。古代的鸟船帆长橹快,船行在水上如同飞鸟,因此称为鸟船。我国明朝时期的郑和下西洋以及东南沿海军民奋力抵御倭寇的战争中广泛使用的就是鸟船。鸟船以它特有的机动灵活的航行优势,打击了入侵的敌人,屡建奇功。它是我国古代的著名四大航海船型之一。至今,在我国各族人民中间仍有许多关于鸟船的美好传说。

10. 什么是广船?

我国古代劳动人民在长期的航海活动中积累了丰富的经验,特别是设计和建造船舶的技术日臻完善。他们不仅设计建造了小巧玲珑、轻便如飞的鸟船,而且创造了气势宏伟、运载能力超常的广船。在我国明清时期,广船由广东沿海居民将传统民用船舶改装为战船,其应用领域进一步扩大。广船船型巨大,下窄上宽,在水面上如同巨鸟的两个翅膀,主要使用铁梨木制造,船壳坚固耐用,可以发射火炮、火球,也可以在紧急情况下,撞击敌船等。

11. 我国古代的福船是什么形状的？

福船也是我国古代四大航海船型之一，是一种十分适应远海航行的优良船舶。在宋、元、明时期，我国东南沿海地区商业贸易和航海活动日益繁荣昌盛，福建渔民和当地的商人最初研制、制造了航行能力更强和载货更多的福船，并逐步推广到其他地区。因最早出自闽南地区，人们就叫它福船了。明清

我国明朝福船复原图

时期，福建一带的造船业更加繁荣和发展，当地的造船业主还制造出了用于军事目的的战船，而且船舶种类日益增多，人们通常也把战船称之为福船。

12. 我国的龙舟竞渡起源于何时？

说起龙舟，人们自然会想到我国古代就盛行的端午节"赛龙船"的热闹场面来。在我国江河湖泊地区，尤其是风景秀丽的南国水乡，每到端午时节，就会举行赛龙舟盛会。这一天，从四面八方拥来的乡亲们个个兴高采烈，围绕在赛场附近。一艘艘狭长的龙舟翩然云集，每船左右并排坐着数目相等的两行人，船尾还有人操锣鼓指挥。一声令下，随着急促的锣鼓声，船上的参赛者用一致的动作奋力划桨，船就像离弦的箭一样，向前方疾驶。瞬时间，百舸争流，你追我赶。在场的人们无不被这种热烈的

场面所鼓舞。可你知道"赛龙舟"是起源于什么时候吗?

民间流行的说法是:我国战国时期伟大的诗人屈原,因忧愤朝政,在公元前278年端午节投入汨罗江而死,当地居民怕水中的龙吞噬他的尸体,就把船装饰成龙头,争先恐后地驶到江面上,敲打锣鼓,以驱散水中的龙。以后,每到端午节都举行这种竞渡争先的活动,以纪念这位爱国诗人,由此而逐渐形成了端午节赛龙舟的风俗。

现代龙舟竞渡

现代赛龙舟活动,实际上成了一年一度的水上运动会。划船比赛在中国有着悠久的历史,不仅开创了世界划艇比赛史的先河,而且由于当时我国龙舟的船体之雄伟,雕琢之精美,装饰之华丽,也显示了我国古代造船技术的先进性。

13. 郑和下西洋使用了哪些类型的船舶?

600多年前,印度洋上风急浪高,波涛汹涌。郑和率领一支庞大的远洋船队首次下西洋。

郑和船队有大小船舶200多艘,是一支庞大的混合船队。各种船舶分为5个等级。宝船是郑和船队中最大的海船,相当于当今大型舰队中的主力舰和旗舰。其中最大的长146米,宽60米,有12张帆,船的帆、舵、锚等两三百人都举不动。

郑和率船队下西洋

郑和船队除宝船外,还有明朝初期新造的,用于快速水战和兼作运输马匹、货物的马船,装运粮食和船舶航行用物资的粮船,作为大型战船的坐船以及担任护航任务的战船等各种类型的新型船舶。郑和船队的船型结构合理,既能满足远洋航海贸易的需要,又能抵御敌人的侵袭,充分体现了明朝时期我国的强大国力和高超的航海技术。郑和船队的规模和技术水平在当时是所有的西方海上强国望尘莫及的,郑和也不愧为中国航海史上伟大的航海家。

14. 为什么我国古代的船舶不容易沉没?

宋元时期,浩淼的西太平洋和印度洋上,中国、印度、阿拉伯各国的船舶乘风破浪,西往东来,呈现出远洋运输的繁忙景象。然而,同为船舶,当触礁船壳破裂时,外国船舶很快就进水沉没,而中国船舶虽也进水,却进水不多,仍能继续航行,驶抵港口卸货后,稍加修复,仍可以继续使用。其中的奥妙就在于中国的船舶中设置了水密隔舱。所谓水密隔舱,就是用水密隔舱板把船体分隔成互不相通的一个个舱区。在航行中,特别是在远洋航行中,即使一两个船舱破损进水,水也不会流到其他船舱,也不会使整个船沉没。如果进水太多,船支撑不住,还可以采取抛弃货物的方法,以减轻船的负载量,从而减慢船的下沉速度,争取时间把船驶到附近的港口,以便进行修补。但是,没有设置水密隔舱的船舶,只要船底外壳撞破一个小洞,水就会涌进来,而后溢满全船。因此,水密隔舱的设置提高了船舶的抗沉性能,增强了人员和货物的安全性。它是中国古代造船工艺上的一项重大发明,被各国造船家和航海家所称道,蜚声世界。

15. 世界上第一艘帆驶油轮是哪一艘?

1982年,日本在美国田纳西州的诺克斯维尔市举办的一次世界能源展览会上展出了世界上第一艘帆驶油轮——"新爱德丸"号。它比同级的普通油轮要节省50%的燃料。这个轰动一时的新闻,不久便成了街头巷尾谈论的话题。载重量1600吨的"新爱德丸"号实际上是一种靠机帆联合推动的油轮,以柴油机作为主要推进力,而风帆是辅助动力。但是,这个辅助动力作用却很大。这艘船上装有两个高11米、宽7.3米的风帆,而这种帆与传统的帆船用的帆有着明显的不同。它是用电脑控制帆的转动、张大或缩小以及受风面积以达到产生最大的推力,辅助船舶柴油机推动船舶前进。安装这种现代化的风帆不仅节约能源,而且也减少了环境污染,所以大有发展前景。

16. 现代风帆船具有什么特点?

  风帆船曾在人类航海史上写下过光辉的篇章。在19世纪之前,从太平洋、印度洋到大西洋,到处是风帆的世界。自从瓦特发明了蒸汽机之后,轮船逐渐替代了曾经风靡一时的风帆,成了海上运输舞台的主角。随着世界能源日益紧缺,20世纪80年代后,人们又把目光投向

风帆船扬帆远航

了帆船,于是一批现代风帆船出现了。现代风帆船的风帆是由电脑控制的,可以自动收转、张大或缩小,桅杆也

可以自动转动。通过电脑可以调整展帆角度和面积,使帆迎风以获得最大动力,同时可根据风力、展帆角度和面积计算出船帆产生的推力,来配合其他的动力设备,以保证预定的航向和航速。安装现代风帆是节约能源、减少环境污染的最好办法,同时也使古老的帆船"返老还童"。随着石油资源的日益减少,以风能为动力的船舶的前景日渐被看好,因为风能是一种取之不尽的可再生能源。因此,在不久的将来,在船舶的百花园中,现代化风帆船将具有独特的魅力。

17. 近代船舶是怎样运用蒸汽机作动力的?

在19世纪以前的数千年甚至数万年中,船舶的动力一直是依靠人力划桨和风帆来提供的。自从瓦特发明蒸汽机以后,才给船舶的发展带来了千载难逢的机遇,成为船舶动力革命的里程碑。那么,蒸汽机是怎样由陆上发展到海上的呢?

近代蒸汽机动力与风帆动力混合型船

瓦特发明蒸汽机后,很快在纺织业中得到了应用,随即推广到化学、采矿、机器制造、冶金等领域。而蒸汽机能不能用到船上作为推动力很多人都有疑问。法、英、美、西班牙等许多国家都在探讨利用蒸汽机推进船舶的方案,但遗憾的是都未能达到实用的阶段。1797年美国工程师罗伯特·富尔顿,得到美国驻法国大使里文斯顿的帮助,于1803年在巴黎塞纳河上制成了蒸汽机船。但因船体结构的强度不够,难以承受机器的重量,还没进行试验就沉没了。伯罗特·富尔顿没有灰心,第二年打捞出该船的主机,又重新制造新船。新船长20.12米,宽2.44米。试验一举成功,航速达到了4.5节。1806年,伯罗特·富尔顿与里文斯顿先后返回美国,着手建造吨位更大、蒸汽机功率也更大的蒸汽机船。后来这条长40.56米,宽5.46米,蒸汽机为20马力,燃料为煤或木材的船以里文斯顿的家乡"克莱蒙特"命名。1807年8月17日,"克莱蒙特"号在纽约市的哈德逊河上试航成功。它的试航成功,显示了蒸汽机船强大的生命力,标志着船舶动力时代的到来,成为船舶动力革命新的里程碑,在船舶发展史上写下了光辉的一页。后来,人们又在船上安上了螺旋桨,这样就大大地提高了航行速度,扩大了航行范围。随着时间的推移,人们又把注意力转移到减少受横渡大西洋风潮的影响上,将船型进行了改进,使它尽量减少阻力、增加浮力,船壳也用新的焊接技术取代了原来的铁钉固定铁板技术。尽管如此,在超远程的航行中,油料问题仍然困扰着船舶的持航能力,这种情况使得帆船占了上风。为了解决这个问题,人们纷纷尝试着把帆船和蒸汽船结合起来,其中著名的"大东方"号是一个很好的例子。它于1858年下水,同时装备了帆、水轮翼和螺旋桨推进器。"大东方"号使蒸汽动力船发展到了顶峰时期。当今世界上还有这种装备的船,如1980年下水的日本油轮"新爱德丸"号,它上面装有两片长方形可伸展的钢制帆,在航行的第一年,节省了大约10％的燃料,船上的电脑还能预测风速和风向,并且能自动地调节柴油机的输出功率。

18. 世界上第一艘蒸汽动力船舶诞生于何时?

世界上第一艘蒸汽动力船舶是由美国人伯罗特·富尔顿与里文斯顿共同建造成功的。此船以里文斯顿的家乡"克莱蒙特"命名,船长40.56米,宽5.46米,蒸汽机为20马力,燃料为煤或木材。1807年8月17日,"克莱蒙特"号在纽约市的哈德逊河上进行试航。船内炉火通红,蒸汽机隆隆轰鸣,高耸的烟囱浓烟滚滚,船旁两只大直径明轮飞快地转动。满载旅客的"克莱蒙特"号以5节的速度航行32小时,逆水航行240千米,试验获得了圆满成功。岸上的观众掌声雷动,欣喜若狂,争相观看这一划时代的处女航。这一航程若用当时的单桅帆船行使,则需要4昼夜。

"克莱蒙特"号既是第一艘蒸汽机明轮船,同时也是第一艘近代蒸汽机客船。它的试航成功,显示了蒸汽机船的强大的生命力,在船舶史上写下了光辉的篇章。然而,在第一艘载客蒸汽机内河客船试航中,曾遭受到当时一些保守势力的多次围攻,他们制造了多起用其他船只故意冲撞"克莱蒙特"号的事件。为此,纽约州还特别制定了相应的法律来保护"克莱蒙特"号的成功试航。

19. 近代中国拥有自己的蒸汽机明轮船吗?

1807年8月17日,当世界上第一艘蒸汽动力船舶"克莱蒙特"号在美国纽约的哈德逊河上试航成功的时候,中国已进入封建社会的末期,国力日渐衰微,与西方国家工业文明的差距日益扩大。然而,我国的一大批志士仁人不甘落后,致力于科学救国和实业救国,努力探索民族富强振兴的道路。1865年,我国杰出的科学家徐寿大胆、严谨地设计出了近代中国第一艘蒸汽机明轮船——"黄鹄"号,并由南京军械所制造成功。"黄鹄"号轮全长55尺,自重25吨,轮船机舱设在前部,蒸汽机为单缸。航速顺流每小时14千米,逆流8千米,这在当时也是最先进的

近代蒸汽机动力轮船

蒸汽机动力船舶。19世纪中叶的中国独立设计并制造出第一艘蒸汽机明轮船,充分显示了中国人民奋起直追的强大民族精神,也集中体现了近代中国洋务运动的主要成果。

海洋航运

20. 为什么现代大型船舶被称为"轮船"?

1807年,世界上第一艘用蒸汽机驱动推进器的"克莱蒙特"号轮,开创了船舶以动力机械推进的新纪元。当时蒸汽机带动一个桨轮推进器推动船舶前进。这种推进器大部分露在水面上,像巨大的轮子一样,人们称之为"明轮",而把装有明轮的船舶称为"轮船"。从此,人们通常都把以动力机械推动前进的船舶统称为"轮船"。今天,尽管船舶的制造技术水平已大大提高,船舶装备也远非近代史上的蒸汽机船舶所能比拟,现代船舶的螺旋桨推进器也已沉入水下,但是人们仍习惯于把它们称为"轮船"。

21. 横渡大西洋第一艘最快的蒸汽机船是哪一艘?

19世纪,用帆船横渡大西洋,西行需要40天,东行需要30天。而改用蒸汽机船后,时间可以缩短15天,因此,当时利用蒸汽机船开创横渡大西洋的航海事业是非常诱人的活动。1819年5月26日,一艘漂亮的蒸汽机三桅帆蒸汽机船"萨瓦纳"号从美国萨瓦纳启航,25天后到达英国利物浦。为了节省燃料用煤,在航行中该船发动机只工作了18天,有7天时间是靠风帆航行的。因此,它还不能真正算作是第一艘横渡大西洋的蒸汽机船。1838年4月4日,英美汽船公司同大西洋航运公司各出一艘蒸汽机船,不准使用风帆,只开蒸汽机明轮,举行一次别开生面的横渡大西洋竞赛。大西洋公司的"大西方"号,1340吨,装有蒸汽机明轮,并有3帆;英美汽船公司的"西里乌斯"号,703吨,也是蒸汽机明轮,装有煤400吨。

19世纪英美发明的蒸汽机船

两艘船从考克出发,18天后,"西里乌斯"号比"大西方"号早12小时到达美国纽约,但"大西方"号出发晚4天,实际只航行了15天零8小时,平均航速8.75节,而"西里乌斯"号平均航速是6.5节。因此,人们把"大西方"号看成是第一艘横渡大西洋最快的蒸汽机船。

22. 在蒸汽机船时代为什么还要建造大型帆船?

从1860年之后,蒸汽机船舶日益占据了船舶业的霸主地位,但从经济角度考虑,蒸汽机船对煤的消耗量很大,航行途中需要补给,运输成本很高。而帆船却只要装足粮食、咸肉、淡水和其他航行需要的消耗品,就可以连续航行几个月不用靠岸。于是各国又发展了大型快帆船,其船体用铁制成,桅杆和帆更多、也更复杂,人们称它为"温特加玛"型。其中比较典型的一艘叫"普列恩"号的快帆船,装有5根桅杆,挂47张帆,帆的总面积达4000平方米之多。它的航行速度不逊色于蒸汽机船舶,航行的

海洋航运

安全措施也得到了充分保障。因此,从那时起,世界航海业就出现了蒸汽机船舶和大型帆船并驾齐驱、百舸争流的局面,这的确是一种有趣的现象。时至今日,不同动力系统的船舶仍然航行于波涛汹涌的海洋上。

23. 最早的铁壳船是怎样被人们接受的?

18世纪以前,几乎所有的船舶都是用木材建造的。自从英国进行产业革命以后,钢铁和蒸汽机开始大量应用到工业部门。人们自然会想到能否用钢和铁取代木材来造船呢?有些人受传统思想束缚,总认为铁比水的比重大得多,造出的船容易沉掉,但也涌现出了敢吃"螃蟹"的人。在1787年,英国的苏格兰率先造出了一艘铁制驳船"试验"号,并安全地浮于水面,从而证明了铁是能用来造船的。可是,由木船发展到铁船的过程,进展却十分缓慢,这里的主要原因还是保守思想在作怪,有些人总认为铁船容易沉掉。然而事实教育了人们:1834年,有一艘名叫"加里文"号的蒸汽机铁壳船和几艘木制蒸汽机船一起航行,突然遇到大风暴。那几艘木船不是沉没,便是遭到严重损坏,只有"加里文"号铁壳船毫无损伤。直到1841年,当英国建造了第一艘用于海上航行的铁壳蒸汽机客船"大不列颠"号,并安全地在大海中乘风破浪航行后,才打破了人们对铁壳船的疑虑。从此,铁壳船才开始有了较大的发展。

24. 世界上第一艘铁壳船是哪一艘?

1787年,英国的苏格兰率先制造出世界上第一艘铁壳驳船"试验"号。"试验"号铁壳驳船全场21.05米,可以装载很多货物,并能安全地浮于水面。"试验"号铁壳驳船的成功运行,彻底打破了造船只能用木材不能用钢材的陈腐观念,开辟了用钢材造船的新纪元,使得船舶的类型多样化,并能更广泛地为人类的经济和社会活动服务。

25. 世界客船运输是怎样发展起来的?

随着英国产业革命的深入发展,实现了从手工劳动到机器工业的转换,这使得社会失业人数急剧增加,大量的过剩人口需要运送到国外市场,英国的殖民地之间也有大量的人口在流动,而客船就成了早期殖民主义人口流动的主要运输工具。当时连接于北美洲和英国、欧洲大陆的北大西洋航线,被称为海上客运的黄金航线。从1840年起,欧洲国家开始成立了大量的客运轮船公司,主要从事海上客运,并使得海上客运竞争日

近代混合动力铁壳船

趋激烈起来。1858年,英国建成了"大东方"号铁船,下水后便立即投入客运。"大东方"号铁船的独到之处是首创了纵骨架结构和双层船壳结构,标志着世界造船技术跃上了一个新的台阶。当时,世界上各个客运轮船公司还相继开展了横渡大西洋的客轮竞赛活动,航行速度最快的客船还被授予蓝绶带奖。由此可见,近代海上客船运输是近代殖民主义经济掠夺和奴隶贸易活动繁荣的一个

缩影。

26. 大型客船时代是怎样到来的？

在19世纪后期到20世纪中期，世界经济持续稳步地增长，西方国家的工业革命陆续完成，世界人口流动也大量增加，大国、强国之间的竞争和较量日趋激烈。除了英国在产业革命后立即投入海上客运业外，其他国家也积极参加海上客运的竞争。继英国的"大东方"号铁船和"大西方"号蒸汽机铁壳船投入大西洋的商业客运活动后，法国、德国、美国等也先后投入了5艘5万吨级的客轮。应该说在第一次世界大战以前，世界大型客船运输已达到历史的新水平。著名的"泰坦尼克"号就是在1912年春投入商业客运，并在处女航中酿成沉没悲剧的。而载重量近5万吨的"布利坦尼克"号则好梦还未成真，尚未投入客运就被鱼雷击沉了。尽管种种不幸接连出现，但大型客船仍源源不断地投入世界客运市场。在第一次世界大战以后，德国的"布莱梅"号、"欧洲"号，英国的"玛丽皇后"号等又相继投入使用。它们都堪称世界巨型客轮的典范，标志着巨型客船运输时代的空前繁荣。但是1939年第二次世界大战爆发后，世界大型客船运输就从发展的顶峰旋即滑向低谷。一些大型客船不仅经常遭到战火的袭击，有些还在战争中被征用为军事运输船。与此同时，世界客运市场的结构也经历了巨大调整。单独依靠海上客轮运输独霸世界的时代已经结束了，大型客船特别是远洋航线的大型客轮运输已不再风光了。

27. 大型定期客轮为什么被称为邮船？

邮船是指在海洋上按照既定的航线,定期航行于固定港口之间的大型客运轮船。过去水运邮件一般

现代化大型客轮在航行中

是委托这种大型快速客船准时地运载到目的地,就像邮递员一样,准时地将邮包运送、投递到固定地点,所以,至今人们还把这种大型客船称为邮船。邮船一般比较豪华,各种设施和物品相当齐全,在海上能快速、安全地航行,并且能为旅客和船员提供周到的服务和舒适的环境,宛如一座浮动的海上城市。世界上最大的邮船是"伊丽莎白女王"号,全长314米,宽36米。它从第二次世界大战期间首航,1968年退役后送到香港,后改为"海上大学"。1972年1月不幸失火,内部设施全部毁坏,最终只剩下一个外壳。

28. 为什么大型远洋客船会消失？

在我国沿海港口城市之间，可供选择的交通方式不仅有陆路运输和航空运输，而且还有海上客船或海上轮渡，它们同样可以把旅客安全顺利地运送到目的地。实际上，客船就是载运旅客以及行李和邮件的运输船舶，并且兼运旅客的车辆和小批量货物。大型远洋客船一般都大于1万吨，航速在每小时20海里以上，有2个～3个客舱等级。客船上设备齐全，公共活动场所较多，并且相当豪华，有的远洋客船特别舒适讲究，旅客上船，犹如住进了豪华饭店，甚至像住进宫殿一般。20世纪50年代末，远程喷气式客机大量出现，逐渐夺去了海洋客船的客源。因为大型高速客船的建造及维护费用极大，航速又远低于飞机，不适合现代社会发展的需要，因此，大型高速远洋客船在10多年间就急速衰亡下去。到1977年10月，大型远洋客船航线在世界范围内完全消失了。

29. 什么是旅游客船？

旅游客船与大型远洋客轮十分相近，载重量为2万吨～4万吨，可载客300人～1600人，航速约20节～24节，客轮的机舱多位于船舶的后部。旅游客船一般在风景优美的海域周游循环航行，少数旅游客船还进行环球定期班轮航行，它们还附带从事港口之间的交通运输。旅游客船生活设施齐全，各种功能完善，抗风浪能力较强，航行起来十分舒适、平稳，具有开阔的视野，能充分满足旅游者休闲度假、文化娱乐、疗养等多项要求。它是一种特殊用途的船舶，随着经济和社会的发展和进步，旅游客船还将日益兴旺。

30. 汽车客船的用途是什么？

人类社会进入20世纪60年代以后，随着各种货物运输量的大幅度增长，特别是许多国家的沿海运输和岛屿之间的运输日趋繁忙，汽车客船随之发展起来，它是新近兴起的一种沿海运输方式。汽车客船主要以运输旅客及携带的轿车等为主，载重量多在4000吨以下，可载客600人～1000人左右，航速为16节～18节。这种船的宽度较大，结构十分特殊，可前后大开门使汽车径直行驶。现在世界上发达国家的重要短程定期海上运输和渡船航线大都采用了汽车客船。近几年来，在欧洲的一些国际航线上也出现了载重量超过万吨、航速超过20节的高速超大型汽车客船，其航行更加安全，设施更加舒适、豪华。在我国的沿海港口城市之间，也已开展起了汽车客船运输，并逐步显示出它的运输优势。

航行中的汽车客船

31. 什么是滚装客货船？

滚装客货船是20世纪七八十年代依靠集装箱运输和汽车客船大型化而高速发展起来的新型客货船。滚装客货船船型与汽车客船基本相同，只是多加隔层板，并配备斜跳板，借助滚装工艺，提高车辆的装卸时间。它同时备有完善的客船旅行、休闲娱乐等综合服务功能，可以满足顾客的多种需要。滚装客货船对车辆的运输要求非常高，对旅客的安全、消防、卫生等各种要求也大大高于其他船舶。世界上许多国家都致力于发展滚装客货船运输，以解决中程运输效率低下的弊端。近几年来，我国在辽东、山东半岛之间、雷州半岛和海南岛之间、长江沿岸和长江三角洲地区以及珠江流域逐步推广、使用了滚装客货船，取得了明显的经济效益和社会效益。

现代客货滚装船

32. 什么是内河客船和小型高速客船？

内河客船是一种航行于江河湖泊上的传统客运船舶，它的历史由来已久。它载客量很大，可以频繁停靠沿岸江河、湖泊的码头，既能运送旅客，也可以装卸小件货物和邮件等，运输十分方便、灵巧。船舶上层甲板大都较为宽大，向舷外延伸。内河客船多为双舵或多舵，大型内河客船的航速可达到12节~16节。我国长江干线上的最先进的内河客船可载客达1250多人,平均航速约25节。而小型的高速客船就是一种速度很快的小型船舶,它的船型灵巧、轻便,航程较短,主要航行于海峡和岛屿之间。

33. 杂货船的运输用途是什么?

杂货船主要是用来运载各种包装、桶装、箱装或成捆等杂货运输的船舶,也称为普通货船。杂货船运输货种十分繁多,非常灵活机动。在国际航运中,杂货船的运输吨位位居世界商船队的前列。

杂货船是由公司根据运输货物的要求航行于各个港口之间,一般没有固定的航线和船期。从小到几百吨,大到数万吨的杂货船,共同组成了杂货船队。它可能航行速度慢于其他船舶,有点像龟兔赛跑中的乌龟,但它追求航行的平稳和安全,充分保护货主的利益。杂货船一般有3个~6个货舱,盖上舱盖完全水密。船底为双层船底结构,首尾有前后尖舱。杂货船可以运输各种各样的货物,是一种真正的多用途船舶。

34. 炼钢用的矿石是怎样运来的?

世界上许多大型钢铁公司每天都源源不断地生产出优质钢材,同时,每天也不间断地吞噬数以万吨计的铁矿石。而如此多的铁矿石主要是用大型船舶运来的,更确切地说是用散货船舶将铁矿石从遥远的地方运过来的。散货船是专门运载粉末状、颗粒状、块状矿石等不能包装

海洋航运

航行中的矿石运输散货船

的大宗货物的船舶。最初,散货船是用来运输煤炭的,后来扩展到矿石运输。这种船的船型分为:可以进出五大湖的灵便型船;载重量10万吨以下,可安全通过巴拿马运河的巴拿马型船;载重量10万吨以上的,必须绕行好望角的好望角型船等。实际上,产自澳大利亚、南美巴西、美国及加拿大等地区的优质铁矿石,都是通过大型散货矿石船舶把它们运往矿石需求量大、冶炼能力强的北美、欧洲和远东地区的日本和中国的。

散货船根据运输货物的比重和性质等对货舱进行隔离。它的船体坚固,舱口很大,利于装卸货物。船舶的机舱和控制室设在船尾部分。散货船舶运输的货物分类十分明确,运输铁矿的船舶一般只运铁矿,而运粮食的船舶也只运输粮食。

35. 什么是集装箱船舶?

在繁忙的港口或者大海上,人们时常可以看到装满一排排整齐铁箱子的船舶,甲板上往往也堆起了高高的

铁箱子,航行的速度很快,与其他的船舶完全不同。这就是集装箱船舶。它以运输集装箱为主,运输的集装箱大

现代集装箱船

致可分为20英尺和40英尺的货箱,还有些特长、特重的集装箱以及可以装载冷藏货物的集装箱。其实,集装箱船舶还可以运输活的动物、承载危险品的集装箱、集装罐等。它的运输能力可太大了!别看集装箱运输发展很快,但真正意义上的集装箱运输距今还不足半个世纪。集装箱船舶除了充分利用它的货舱部分外,它的甲板上还可以装载大量的集装箱,极大地增加了船舶的运载能力。这些集装箱是依靠拉杆等紧紧地固定在船舶上,航行时十分安全。集装箱船舶都有固定的航线,就像定时定点的列车、飞机一样。人们今天享用和消费的许多商品,有许多是靠集装箱船运来的。

36. 为什么把载驳船叫作"子母船"?

子母船也叫载驳船,它专门载运货驳,在大船上又装载小的装货驳船。大船往往装载许多艘小驳船,十分壮

观！大船到码头后，卸下驳船，然后由驳船将货物运送到内河各地。世界上第一艘载驳船诞生于1963年的美国，它是应战争年代的需要而产生的。而今天的载驳船已经完全商业化了，它为人们的交通运输服务。在我国的珠江、港澳地区，载驳船运输正发挥着十分重要的作用。

37. 世界上最早设计制造出自卸船是哪个国家？

1908年，美国首先设计制造出世界上第一艘自卸船"汪达脱"号，航行于美国与加拿大之间的五大湖地区。直到现在，五大湖地区仍旧是世界上自卸船使用最广泛的区域。自卸船具有特殊的货舱和卸货设备，能连续输送卸货，自带带式的输送机，利用船舶的特殊结构，将货物从船舱源源不断地卸下来。因为自卸船配备了自卸设备，功能超过了一般的船舶，所以它的造价也比较高，一般只航行在短距离的航线上。如果遇到卸货港口条件太差，自卸船的自卸设备可就大有作为了！

38. 什么是"海上巨无霸"？

世界大型商船中最大的就是油船，它是海上航行的庞然大物。世界上第一艘具有现代油船特征的运油船是1886年开始运营的英国"好运"号。目前全世界油船的总吨位差不多占商船总吨位的一半。一般8万吨以上的称为大型油船；25万吨～30万吨的称为超大型油船；而50万吨以上的称为超超大型油船。目前世界上最大的油船为55万吨级，如果用油罐车装这种船所载的油，要1万个车皮，需用250多个火车头才能全部运走，而它的甲板面积有4个足球场那么大。油船可称为"海上巨无霸"了。

"海上巨无霸"——现代超大型油轮

39. 为什么超导船被人们称为"理想之舟"?

超导船是依靠电磁力的作用推进的,而电磁力产生的大小与通过海水的电流大小、超导线圈产生的磁场强度成正比。由此可见,只要控制进入超导线圈和电极的电流大小和方向,就可以控制船的速度和方向,并且可以做到瞬时启动,瞬时停止,瞬时改变方向,具有其他船舶无法与之相比的机动性。因此,超导船不仅速度快,不受气候影响,推进效率高,控制性能好,而且噪音小、结构简单、易于维修,被人们称之为"理想之舟"。有人估计到2010—2020年,海面上将出现航速达到每小时185千米的商用化高速超导电磁巨轮,这是科学技术在海洋事业上应用的又一重要范例。

海洋航运

40. 为什么冷藏船一般为乳白色?

冷藏船的船体呈现乳白色不仅是为了美观,而且非常实用。冷藏船一般是运送新鲜水果和各种冷冻食品的,颜色深的特别是黑色的物体吸收太阳光能力强,而浅色的物体吸收太阳光能力弱,因此乳白色外表可以减少太阳的辐射热,减少热量的吸收,以利于保护所运货物的新鲜品质。货舱内有完整的冷却管路和温度调节系统,实际上就是一个浮动的大冰箱。冷藏船是航速最快的船舶之一,一般在25节以上。中国远洋运输总公司推出的绿色快航服务可以将我国内地的新鲜食物在48小时之内运到日本、韩国,摆到日、韩的超级市场上出售。

41. 破冰船为什么能够破冰?

在严寒的北方海域,每当北风呼啸,气温骤降时,海上也会凝结厚厚的坚冰,使得一般的商船无法顺利航行,必须依靠破冰船先行破冰,然后才能保证安全航行。那么,破冰船为什么能够破冰呢?这是因为破冰船的船体结构特别坚实,船壳钢板比一般船舶厚得多,而且船宽体胖上身小,便于在冰层中开出较宽的航道;船身较短,进退和变换方向灵活,操纵性好;吃水深,可以破碎较厚的冰层;马力大,航速高,这样向冰层猛冲时,冲击力也就大;它的船头造成折线型,使头部底线与水平线成20度~35度角,这样船头就容易"爬"到冰面上。它的船头、船尾和船腹两侧都备有很大的冰舱以作为破冰设备。

33

我国南极科考"雪龙"号破冰船雄姿

每当破冰船遇到冰层时,它就把翘起的船头爬上冰面,靠船头部分的重量把冰压碎。如果冰层较坚固,破冰船往往要后退一段距离,然后开足马力猛冲过去,反复冲刺几次,直至把冰层冲破。如果遇到很厚的冰层,就要再用水泵将船尾的水舱灌满,使船头抬高,以便搁在厚冰层上,然后把船尾的水舱抽空,同时把船头的水舱灌满,依靠船头的重量就可以将厚冰压碎。这样破冰船就可以缓缓地前进,在冰层上开出一条水道了。

42. 破冰船是怎样引导船舶航行的?

巨型船舶在冰区航行,如有破冰船引航时,是不可以完全沿破冰船开出的水道行驶的。这是因为对于巨型船舶而言,破冰船的航迹仅是在冰区中的一条狭窄小道,船舶完全处于水道中反而容易被船身左右两侧的冰挟住。应使船舶在破冰船航迹附近的一个船宽的冰区破冰前进,这是因为这些冰区的一侧已被破冰船压碎,所以很容易破碎。船舶应与破冰船的距离保持在2链～3链(370.4米～555.6米)左右,并且需要密切注意破冰船的速度,随时控制本船的航速,以免发生危险。

43. 世界上第一艘气垫船是怎样产生的?

英国有一位电气工程师叫科克雷尔,他大学毕业后,就与妻子独立开办了一个规模较小的游艇公司。20世纪50年代初,他为了制造一艘能把空气放在水与船之间使

飞速航行中的气垫船

摩擦力减小的船,使船的航行速度变得更快,便利用家中所有的条件,制造出一个模型进行实验。他还用家庭中的吹风机,通过一根管子从两个咖啡罐头盒喷射气流,再制作轻型的喷气嘴,把螺旋桨装上去测量出喷出的空气举升效果。实验证明,产生举升力效果和预想的一样。为此他获得了设计气垫船的专利。但把实验变成实用船,还要进行很多的研究。英国军需部副大臣肖尔参观

模型表演后,想委托他继续进行实验,可是后来又拒绝增加研究经费。最后,科克雷尔只好又找到国家研究发明署,才得到资助。在1959年5月,由科克雷尔设计并由桑德斯罗公司建造出了一艘气垫船,它是利用两台喷气发动机,从船与水面之间不断充气,形成一层气垫,可以使船擦水面航行。这就是世界上第一艘气垫船。

44. 为什么说气垫船是最为神奇的高速船?

气垫船既可以贴近水面航行,又可以像汽车一样在陆地上飞驶,还可以在空中飞行,是介于车、船、飞机之间的一种特殊的新型高速船。

气垫船船体常用轻金属制造,船内装有压气机,不断地将空气压缩,通过特殊设计的气道,高速地向船底四周喷射,使船底与水面或陆地形成一个气垫层,气垫把船从水面或陆地上托起来,并通过船尾螺旋桨不断向后鼓风,产生反作用力使船前进,由于它的阻力小,船的时速近百千米,最高时速可达200千米/小时以上。

45. 为什么要建造双体船?

双体船是一种古老而又年青的船型,早在2000年前的战国时代,在我国长江就有平列两只小船共同渡航的事例。直到20世纪50年代,机动双体船才被人们重视,特别是近10年来有了较大的发展。双体船是将两只瘦长的船体并列,在水线上部用联桥使其合成一个整体。它具有两个船头和船尾,在船体内各置一部主机,尾部各设一个推进器,航行时同时运转,推动船舶高速前进。

停泊在港口内的双体船

一般船舶在航行中,由于水涌进舱内或配载不当都会导致船身不平衡或者由于大风暴使船倾翻,造成沉没的事例屡见不鲜。例如英国货船"大使"号在费城装载近万吨小麦和玉米前往英国。由于燃油装载得不合理,船向左倾斜2度左右,而途中又遇大风使船急剧摇摆,大浪将船盖板掀起水冲进舱内,船严重倾斜。最后在救援人员的协助下,才搜救出了11名幸存者和打捞出一具尸体,其他10人和船都一同被大海吞没。而双体船是由两个大小相同的单体船联在一起,甲板极宽阔,船身较宽,稳定性好,在风浪中航行既安全又舒适,不会有翻船的危险,并且航速快,转向灵活性好。

46. 双体船是怎样转向的?

双体船是由两只瘦长的船身连成一体,有两个船头、船尾,因此也就存在两部螺旋桨。船舶在转弯或调头时,一个螺旋桨正转,产生向前推力;另一个倒转,向后倒退。

在两股力作用下,产生了一个力矩,使船非常灵巧地作横向移动,甚至还可以原地回转,不像单体船那样要绕好大一个圈子才能掉头转弯。实际上,这也像人们在海边或湖里划船时那样,只要在船的一侧向前划桨,另一侧向后划桨,小船就会很快转向了。

47. 世界上有穿浪双体船吗?

随着世界科技革命的发展,造船技术突飞猛进,科学家已研制出了类似冲浪划板的特种船,而且已经在澳大利亚、美国、日本等国批量生产了,这种特殊的船叫作穿浪双体船。这种穿浪双体船,是由左右两个细长的片体、支柱,中央船体和上层建筑物组成,是立体结构的新型双体船。当海上风平浪静或微浪时,船体被支柱擎起,呈腾空飞行状。当海上波涛汹涌时,船的两个细长的片体出没于波峰浪谷中,做冲浪运动。这时连接细长的片体的小水线支柱则在波浪中

在波峰浪谷中前进的双体船

保持船的升浮、平衡。穿浪双体船的甲板上一般空间开阔,适宜海上观光游览和快速运输。澳大利亚是世界上研究和开发穿浪双体船较早的国家之一,1990年1月下水的"克雷斯托夫·哥伦布"号,历经太平洋、大西洋等海

海洋航运

域的严峻考验,成为当时世界上最先进的穿浪双体船。目前,我国正在引进国外技术,建造自己的穿浪双体船。可以预见,在不久的将来,穿浪双体船也会穿梭航行于我国的沿海地区和海岛之间,为游客的观光和客车运输提供更多的便利。

48. 为什么说穿浪型高速双体船最适合做海上"的士"?

穿浪型高速双体船的每个单体船身很瘦长,船的外形就像一只飞翔的燕子,在高速航行时阻力很小,速度很高,而且平衡性好,特别适合在风浪中行驶。当海浪比较大时,一般的高速船是无法航行的,而穿浪型双体船却能照常行驶。当海浪浪高在1.5米~2米以下时,它穿浪而过,中心船体不接触海面。当遇到2米以上大浪时,它只是穿浪而过,这时中心船体产生浮力,使船头不被浪"压住"。这种船在浪高、浪大的情况下,颠簸小,乘客晕船率可以从原来的20%降为2%。这种航船能适应各种天气,使得因天气的原因而停止航行的情况减少了。因此很适合于内河和沿海作海上"的士"使用。

49. 世界上最大的高速双体船是哪一艘?

由瑞典一家造船厂制造的高速双体船"北大西洋探险者"号是20世纪90年代世界上最大的高速双体船。它长126.6米,宽40米,航速高达40节(74千米/小时),能载1500人和375辆汽车,总功率相当于10万马力,在高速航行时每小时耗油50立方米,有400平方米的露天甲板,设有客舱、餐厅、酒吧间、商店、儿童娱乐室等。它现在仍在爱尔兰海运送旅客。乘坐这艘船在浪高、浪大的情况下,船的颠簸明显比其他种类的船小,人们仍可以舒心地观赏大海的美景。

50. 当今世界上最大客轮是哪一艘?

当乘坐巨型客轮游弋在烟波浩渺的大海,遥望那迷人的海上风光,将会使人产生无穷无尽的遐想,可你能想到当今世界上最大的海上客轮是哪一艘吗?由美法合资的库纳德船运公司投资7.8亿美元建造的"玛丽女王2"号客轮是当之无愧的。它的船身长345米,宽41米,高度相当于23层楼高,排水量15万吨。船上设有5个游泳池,2000个浴室,3000部电话,4500级台阶以及数百件美术作品。它从英国南安普敦前往美国纽约的首航,就搭乘了2600名乘客和1250名船员。

巨型豪华客轮——"玛丽女王2"号

51. 全球最大的私人游艇是哪一艘?

俄罗斯首富、英国超级联赛切尔西足球队的老板豪罗曼·阿布拉莫维奇最近新添一艘名符其实的私人游艇旗舰"日蚀"号。

正驶出港湾的豪华游艇

这艘由德国汉堡造船厂建造的世界上最大的私人游艇,艇上除有两个直升机降落场、一个电影院、一个游泳池之外,还载有一艘潜水艇。为了打理这艘超级游艇,仅雇佣的船员就50多人。"日蚀"号艇身之大举世无双,它长达170.5米,而阿拉伯联合酋长国王储阿勒马克图姆亲王先前所拥有的全球最大的游艇"迪拜"号海上皇宫(船身长163米)就相形见绌了;也比英国皇家海军的任何一艘驱逐舰或巡洋舰的舰身长。"日蚀"号上的保安设备也非常先进,除防弹玻璃、感应器之外,据说还有导弹侦测系统和击落导弹的武器系统。为了防范不速之客登艇,还专门聘用了荷枪实弹的特种部队退役人员。万一有危急情况发生,它附属的迷你型潜艇还可以派上用场。

52. 水翼船为什么能达到很高的航行速度?

水翼船就是在船头和船尾的水下部分,安上像飞机翅膀一样的脚(即水翼)在水中滑行,同时这种水中翅膀受到水的向上的反作用力,可以使船浮在水上。

水翼船在刚开始航行时，它的水翼仅承受极小部分的船身重量，船身的绝大部分重量都是靠水的浮力来承受的，因此船并不能浮于水面上。但随着船

现代化水翼船航行图

速的提高，船身逐渐上浮，当航速增加到某一速度时，水翼所获得的升力就大于船身重量，就将船身托出水面航行了，此时船的航行阻力（即水的阻力）会明显下降，使航速大幅度提高。1909年意大利人福拉尼尼设计制成了世界上第一艘水翼船。目前，水翼船的吨位已接近1000吨，航速已经达到100千米/小时。

53. 世界上有风筝动力的货轮吗？

迎风飞扬的风筝，更多的是同人们户外休闲运动相伴，可很少有人会想到风筝可以用在远洋船舶上。但随着科学技术的不断进步和环境保护的需要，人们已经开始探索新的绿色船舶动力，在降低运行成本和保护环境上，风筝也确实被应用在远洋船舶上。世界上第一艘用风筝拉动的货轮"白鲸天帆"号于2007年12月15日由德国汉堡启航，横渡大西洋驶往休斯敦，并顺利完成首航。这艘1万吨重级的"白鲸天帆"号将现代技术与1000多年人们一直在玩的风筝结合在一起，通过一个由电脑控制的风筝和海洋上空强劲的风提供动力，支持船上的发

动机,实现了现代与历史的巧妙结合。

风筝辅助动力的船舶在航行中

54. 什么是巴拿马型船?

在涨潮时,太平洋的水位比加勒比海的水位会高出好几米,加上地峡与海面也存在高差,因此巴拿马运河建成了船闸式的运河。大部分河段的水面高出海面26米,船只通过运河就好像越过一座水桥。海运部门把能通过巴拿马运河最大的船型称为巴拿马最大型,即巴拿马型船。这是因为船通过巴拿马运河需要经过三级船闸逐级提高水位,通过加通湖以后,再经三级船闸下降到海平面。能够通过巴拿马运河最大的船型(巴拿马船型),油轮和散装船约为7万吨,集装箱船为4000标准箱(船宽为32.32米,长度通常为280米～290米)。巴拿马型船是目前国际上常用的一种远洋船舶,在干散货运输市场上占有很大的比重。

55. 为什么要建造超巴拿马型集装箱船？

现在集装箱船正向超大型发展,因为用 8000 箱集装箱船比用两个 4000 箱集装箱船更节省燃料及船员费用,总成本会降低 10%。这种大型集装箱船已不能通过巴拿马运河,因此人们称它为超巴拿马型集装箱船。1996 年 1 月,丹麦马士基航运公司新出厂的"马士基娅"号投入运营,它是一艘可运载 6000 标准箱的超巴拿马型集装箱船,这艘船开创了集装箱运输的新纪元。它是当时世界上最大的集装箱船舶,是全世界用户订购的 12 艘大型集装箱船中的第一艘。现在的集装箱船可发展到运载 8000 箱～10000 箱。如此巨型的船舶一般都要高度自动化,能够实现无人机舱、自动导航,实现全天候安全航行。庞大的船舶仅需几个船员就可以安全操作和快速航行了。

现代超巴拿马型集装箱船

56. 世界第一艘太阳能国际渡船是何时投入营运的？

太阳能以其无污染而且取之不竭、用之不尽的优点,早已成为人们最理想的未来能源了。为了使太阳能成为推动船舶航行的动力,航运界的专家们经过多年的研究、试验,终于成功制造出了以太阳能为动力的船舶。为了配合2000年6月1日在德国汉诺威开幕的万国博览会,在德国南部的博登湖,世界上第一艘以太阳能为动力的国际渡船投入了营运。这艘小型渡船乘员定员50人,在博登湖的德国一侧与瑞士一侧间营运。它不排放任何有害物质,因此受到极大的欢迎。由于很多技术等方面的原因,太阳能还没有在大型船舶上广泛应用,但发展前景仍非常广阔。

57. 最寂静的船舶是哪一艘?

一艘船舶的航行需要数百台机器的安全运行来保障。这么多的机器在运行中难免发出巨大的噪音,因此一般船舶在运行时噪音都非常大。即使在停港时,船舶上也不是一个寂静的世界。然而,用于声学和海洋学研究的实验船"联盟"号却是一条寂静的船舶。它是于1988年4月15日开始下水航行的,全长93米,宽15.2米,最大航速17节。这艘船的主要任务就是探测在物理、化学、气象等不同参数的条件下声音在水下的传播情况。由于它特殊的使命,技术设计十分新奇,必须做到使船舶上各种装备发出的噪音减弱至最低限度。这样,船上通过各种特殊探测仪器收、发的音响信号才不至于跟自身的噪音相混淆而变得模糊不清。因此,"联盟"号最大的特点就是它能够在船上创造一个"寂静"的世界。它的各种设备都安装于用吸音和防震材料制成的隔板包围起来的特别舱室内。船舶停港的时候,船上的"寂静"程度达到了最理想的状态,因为这时船上就全靠电瓶供给了。

58. 有没有会摇尾巴的船舶?

美国堪萨斯大学、马里兰大学以及挪威艾格杰尔工程学院的科学家们经过长期努力,已研制成功一种模拟鱼摆动的船用尾翼,可以使船左右摆动,迅速向前航行。这种模拟鱼摆动的船用尾翼又称"固态水上尾翼"。它利用

试验中的尾翼型船舶

船尾的弯曲挠度和扭转变形来推进船向前航行,同时又能控制船向纵摇、横摇和船首摇运动。模拟鱼摆动的船用尾翼的关键装置就叫作"直接接触式压电元件",它装在船的尾部,利用压电效应来控制船的运动。这样既可以取代现在常用的螺旋桨和船舵,又可以提高船速了。

59. 什么是复合型多体船?

复合型双体船是世界上一些发达地区和国家正在研制的一种将各种高性能船的优势融为一体的特殊船舶。它的研制和开发代表了世界上高性能船舶发展的趋势。

复合型多体船主要有像展翅欲飞的海鸟一样的水翼船、带水下潜体的水翼船及装备了三副呈V型水翼的三体水翼船等。美国人正在设计和制造一种三体消拨船,很像穿浪双体船的结构,航速是普通客船的两倍,而消耗的能量却大大低于同类型的船舶,在恶劣的海况下能保持船舶高度平稳和舒适。如果这些复合型多体船研制成功,世界航运百花园中将再添奇葩。

60. 流网渔船是如何捕鱼的?

流网渔船在作业时,是将流网从渔船尾部放出,用绳索连接一次可放出流网几百张。这种流网是漂浮在海水中,当海里的中、上层鱼类钻进流网时,鱼的头会伸进流网的网眼而被卡住,这时的鱼儿就是插翅也难逃了。

用流网捕鱼要求渔船的干舷不能过高,以便于放网。渔船甲板操作区还应平整、开阔,这样有利于起网和放网。流网渔船的动力推进器等设备部分还要设置保护装置,以确保生产作业中的安全。目前,流网渔船仍是我国乃至世界渔业大国的主要捕鱼船只之一,在渔业捕捞业中占有重要的地位。

61. 灯光围网渔船的用途是什么?

当轮船在漆黑的夜晚里航行于茫茫的大海时,经常会发现远处若明若暗会出现一束束亮光,紧接着还会听到轰隆的机器声。等到了近处,人们才发现在强烈的灯光下,渔民们正忙碌着捕鱼作业。这就是典型的灯光围网渔船夜间作业的情景。灯光围网渔船只是众多渔船中的一种,它们一般都是在夜间出动,利用鱼类趋光的习性,以明亮的灯船为核心,其他几艘渔船则环绕着灯船,形成灯光围网渔船组,将诱惑来的鱼群一网打尽。灯光围网渔船捕鱼作业要求技术高,经济效益可观,在世界各国普遍受到重视。

62. 拖网渔船只是用来捕鱼的吗?

世界各地沿海地带的渔民在漫长的渔业活动中,总结和发明了各种不同类型的捕鱼方式。其中最常见、长期

作业中的拖网渔船

使用的就是拖网捕鱼。拖网捕鱼主要是利用专门的拖拽网具捕捞海水下层鱼类或甲壳类的海洋生物,像螃蟹、大虾等。目前拖网捕鱼多分为单船拖网捕鱼和两船对拖捕鱼,两种捕鱼方式适用于不同的渔场和海洋环境。渔船上必须配备拉力很大的拖网绞机、起网吊杆、导向滑轮等工具。此类渔船船舷较低,马力适中。拖网捕鱼虽是传统的捕鱼方式,但至今仍然发挥着特有的优势。

63. 什么是捕鲸船？

鲸是海洋中的庞然大物，也是自然界中最大的动物。由于鲸具有很高的经济价值，它一度受到许多发达国家的高度重视，为此投入巨资建造捕鲸船只，用以大肆捕杀鲸。正是由于这些国家狂捕滥杀，直接导致全球范围内鲸资源遭到严重破坏，鲸的数量锐减。目前，世界上关注海洋和人类生存环境的国家、人民及国际绿色和平组织都在积极地采取保护鲸资源的措施。那么，捕鲸船到底与其他的船有什么不同呢？捕鲸船在当今世界上几乎已经成了凶恶杀手的代名词。一般的捕鲸船航行的速度都很高，以保证能快速追捕鲸。它的船舶主机功率很大，船体瘦削，抗风浪能力强。捕鲸船船首部都有专门的捕鲸炮台，当发现鲸时，船上的猎手会快速瞄准，并发射捕鲸铦头。击中鲸后，铦头穿入鲸体内爆炸，然后用绞机将鲸拖上船，再送到岸上或者捕鲸母船上集中加工处理。世界上的捕鲸船多数是单船行动，少数也集结为捕鲸船队游弋在海洋上。无论是近海还是远洋，任何一种捕鲸船都会对鲸资源构成巨大威胁。

64. 渔业加工母船的用途是什么？

远洋渔业船队在远航捕鱼作业时，船队的规模一般都比较大，同时配备有各种不同类型的渔船，使得船队的综合捕捞、运输和加工能力大大提高。在这样的远洋渔业船队中作用十分特殊的要数渔业加工母船了。这种渔业加工母船是渔业船舶中最大的船，它的主要任务是在海上接收捕获的海产品，进行加工、处理，再将各种渔业成品贮藏、转运。它既是海上的综合加工基地,又负责协调、组织船队的渔业捕捞和生产,同时还为船队提供船舶维修、备件,补充燃油、淡水、给养等。此外,它还是整个船

现代化远洋渔业船舶

队的文化、娱乐、医疗保健中心。当今世界渔业发达的国家都在重点发展渔业加工母船,以提高远洋渔业船队的综合作业能力,增强本国的渔业竞争力。实际上,渔业加工母船的装备水平是反映一个国家渔业整体实力的重要标志。

65. 目前世界造船业应用了哪些新技术?

当前,船舶先进制造技术在日本、韩国和欧美等国家的船厂得到了广泛的应用,船身采用分段建造方法,高效焊接技术应用比例达98%,其中机械化、自动化焊接达85%。我国于20世纪80年代初期对船身分道建造技术、预舾装技术、精度控制技术、高效焊接技术等进行了初步研究与应用。目前,个别大型船厂开始实施分道建造,形成部分中间产品分道建造的雏形,从而出现了十几万吨乃至几十万吨的大型、巨型船舶。20世纪50年代,随着核技术的发展,人们要把核动力装置安在长途航行

的船舶上,但是除了潜艇和航空母舰等一些军事舰船外,在民用船只方面几乎还是"零",只有俄罗斯在破冰船上安装了核动力装置。

66. 国际邮轮服务市场前景如何?

随着世界经济和我国经济的不断发展,邮轮经济也将迎来新一轮的发展机遇。目前全世界的邮轮数量已达200多艘,还以每年约8%的速度快速发展,成为国际旅游市场繁荣的强大支撑。

我国接待国际邮轮已有20多年历史。进入21世纪以来,国际邮轮频频来访,入境的国际邮轮游客以每年均10%的速度递增。与此同时,我国乘坐邮

大型豪华国际邮轮

轮出境旅游的人数也在逐步升温。我国的香港、上海、广州、青岛等都是著名的国际邮轮港口城市。2009年7月3日,意大利歌诗达邮轮公司的"爱兰歌娜"号油轮首次以上海港为母港,从上海港国际客运中心起航。这艘豪华邮轮沿着"中国上海—日本长崎—韩国济州岛—中国上海"的旅游航线,短短几个月时间,就运送了2万多名邮轮旅客出境游,充分展示出国际邮轮服务市场的美好前景。

海洋航运

航海妙趣万千

67. 为什么用钢铁造的大型轮船能浮在水面上？

现代大型轮船都是用钢制造的。钢比水要重7倍左右,船所运载的各种货物以及船上的机器都要比水重得多,那么,为什么载了很多重物的轮船却能安全地航行在水面上而不下沉呢？

游弋在海上的航空母舰

可以做这样一个试验:把一张铁皮放在水里,它立刻会沉于水底;如果将这张铁皮做成一个铁盒子,同样一块铁皮却能浮在水上;并且,如果在铁盒中放一些东西,铁盒同样还会浮于水面,只是盒子稍微下沉了一些。这是为什么呢？原来,铁盒子的底面在水中要受到水的向上的浮力,这种浮力将盒子托浮在水中。盒子所受浮力随着盒子在水中的体积即盒子所排开水的重量的增加而增加。因为同样一张铁皮做成盒子后的体积要比铁皮本身体积大得多,所受浮力也大得多,所以盒子里装了东西还能浮在水面上。因此大轮船能浮在水中的道理也是一样的。现代大型轮船能载几万吨甚至几十万吨的货物,它在水中的体积该有多大啊!

68. "海里"的长度是怎样确定的?

"海里"是计量海上距离的一种长度单位,通常用它来计量船舶航行的速度距离等。它原指地球子午线上纬度1分的弧长。但由于地球略呈椭球状,所以不同纬度处的1分的长度略有差异。在1929年国际水文地理学会议上,人们又决定用地球纬度1分的平均长度1852米作为1海里。后来,又在1948年国际海上人命安全会议上得到承认。到目前为止,除了个别国家的特殊需要外,大部分国家在计算海上距离时都是按照这一规定执行的,即:1海里=1.852千米。

69. 为什么船舶速度单位要用"节"来表示?

"节"是来源于古代的航海计程仪中,它是用一块系有长绳的,下端镶有铅块的扇形木板,在绳上每隔15.43米打一个小结作为一节的计号,另外用半分钟来计时。在航行中计算船速时,可将上述木板投入水中,

远航归来的仿古风帆船

看在半分钟内绳子放出了几节,如果船舶在半分钟的航行共放出了 6 节,那么,一个小时就应该是 6×120×15.43米,也就是说航速为 6 节的船舶,一小时能航行 11.1096千米。直到现在船舶在计算航速时仍用"节"来计算,有时也用"海里/小时"表示。

70. 为什么以"吨"作为船舶装载能力单位?

众所周知,"吨"作为船舶装载能力的单位,同时也是船舶纳税、缴费等的依据。可是,你是否知道它的由来和怎样变迁的吗?说来还十分有趣。早在 13 世纪初期,波罗的海和北海各港口都用"拉斯特"来计算船舶载运能力。一个"拉斯特"相当于4000磅。而到了 15 世纪,西欧各国的酒类发达起来,为了管理上的方便,当时的欧洲以装运酒桶的数量来记数船舶载重能力和征税,同时还规定每个酒桶容积只能是 252 加仑。船舶的大小也以装酒桶的多少来表示。当时法国人把这种酒桶叫作"吨"。此后,用"吨"来表示船舶大小单位也就逐渐被各国所接受了。

71. 为什么船舶速度不易达到很高?

近 100 年来,汽车速度提高了数倍,飞机的速度也提高了 20 倍左右,而船速仅仅提高了一倍左右。现在大型货轮的船速一般也只在 25 节(46.3 千米/小时)以下,而人们一般把航速超过 25 节的航船就称为高速船了,这可比其他的运输工具速度要低得多。为什么船舶速度很难提高呢?原来,这是因为船在航行时受到多种阻力:船体和水摩擦产生的阻力,船行进中产生的波浪的阻力,船尾产生的涡流阻力,还有海浪以及风造成的阻力等。这就是为什么与汽车、火车和飞机相比,船的航速不易达到很高的原因。

72. 船舶上的锚有什么用途?

在海水中漂浮的物体很容易受海风及海流等的影响而漂移,很难停止不动。那么,当人们要求船舶在海面上停泊时如何使船舶不漂移呢?这时人们通常是将锚抛入海底,靠抛入水中的锚在海底产生的抓力来抵抗作用在船上的风力、水流和波浪的冲击力。有时也需要利用锚帮助船舶紧急停止或协助操纵船舶停靠码头。因此,锚对船舶航行起到了很重要的作用,为了防止丢锚的情况发生,人们往往在船上携带一只备用锚。

73. 锚是怎么将万吨巨轮停泊在海上的?

万吨巨轮上的锚对于它的船体来说小得可怜,但奇怪的是,它为什么竟能将船舶紧急制动在海上呢?其实,人们抛锚时一般是选择有细泥和泥沙的海底,因为细泥和泥沙会对锚产生很大的抓力。如一艘15万吨的巨轮,它的锚大约有8吨左右,而当锚被抛入海底泥沙中后就会产生大于自身重力3倍～5倍的抓力,

锚——巨轮安全守护神

即大约有三四十吨重的抓力。同时,利用锚链在海中呈现抛物线状态,根据力学原理也能对船舶产生很大的拉力。在这几种力的作用下,足以使船舶抵抗住一般的海风和潮流的作用,而安稳地停留在海面上。

74. 为什么船要逆水抛锚?

船在水中停留时必须逆水抛锚,这是为什么呢?这主要是由船的形状所决定的。因为要减小船在水中行驶时的阻力,一般都要把船造成船头尖、船尾大。当船在逆水的时候,船头朝着水流方向,这样水的冲力顺着船头可以分成两股分力,从两舷流走,使两舷受力相等,船头受到的冲力就很小了。铁锚又在船头上,它完全可以稳住船身。另外,逆水抛锚时,当锚下水后,船就会顺着水流倒退,正好使锚紧抓海底,操作起来也非常方便。如果顺水抛锚,由于船尾大,受到水的冲力也大,不容易稳住船,甚至会使船旋转,容易使锚翻转,影响锚的抓力。

75. 世界上最重的船用螺钉有多重?

实际上每个人对螺钉都不陌生,常见的螺钉一般都很小,而谁能想到在万吨巨轮上用的螺钉有的却大得惊人!荷兰"利普斯"公司根据韩国造船商的要求制造出世界上最重的船用螺钉。这个螺钉重量竟达76.477吨,直径约9米,由铜、铝、镍、铁4种金属制成。它用于高速行驶的大型集装箱货船的装配零件。如此之大的螺钉在世界航运史上实属罕见。

大型船用螺钉

76. 轮船会遭雷击着火吗?

建筑物顶端都要安装避雷装置并装有导电装置将发生雷击时产生的强电压导入地下,以免建筑物遭受毁坏。那航行在大海上的轮船经常遭受雷雨的袭击,它是怎样防止雷击的呢?轮船船体是钢结构,全船外壳均是导体,只要在船舶的最高点设置避雷装置,就好似一幢大楼顶部装避雷措施一样,在遭受雷击时强电压就会很快传导入水中,而船内通讯系统及船电设施也装有安全可靠的接地措施。这样,一旦遭到雷击,船舶就不会造成损失了。

77. 为什么1994年以后交货的油轮船必须是双底双壳?

石油是易燃易爆、有腐蚀性、有毒的液体,万一发生泄漏,对海洋环境产生严重的污染,所以对油船的技术要求很高,特别是在安全方面。1968年,一艘超级油轮载着4.9万吨原油经过好望角,被20米高的巨浪从中部托起,又一个巨浪打来,将船击为两截。瞬时,船上一切都化为泡沫淹没在怒涛和巨浪中,将大片海域污染,使数以百万计的鱼类、海鸟死亡。油轮遇难和漏油造成海洋的污染是非常严重的,因为油轮太大了,运载的原油一般超过数十万吨。因此,国际航运界形成共识:从1994年起生产的油轮必须是双底双壳的。挪威一艘载油112180吨的穿梭油船,1995年10月由于操纵失误而触礁,船壳板遭到严重损坏。但因为它是双底双壳的舱船,所以货油舱完好无损,并没有造成污染,防止了一次重大生态事故,受到国际航运界的称赞。

78. 为什么巨型船舶船首水面下有一个"大鼻子"?

当一艘远洋巨轮离开大洋彼岸,经过一段时间航行,徐徐驶进港口的时候,人们都把功劳归结于它的推进器——螺旋桨。其实在许多巨轮的首部下端都"长"有一个圆凸形的鼻子似的东西——球鼻首也在默默无闻地工

卸载后的巨轮船首情形图

作着。球鼻首对提高船速的功劳可不小呢!因为船舶航行时产生的波浪花,会增加船舶航行阻力,降低船舶速度。这使船舶速度不能像汽车、飞机那样容易提高,并且还会使船舶摇摆,影响稳定性和安全性。而埋在船首水线下的"大鼻子"可以减少船舶行进中的波浪阻力。船舶在前进时,把水推向两边,到了船尾水流再在舱和螺旋桨周围重新聚合,从而改善了船首附近的水流状况,减小形状阻力,提高船舶的航速。仅这个球鼻首就能减小船体总阻力的六分之一之多,可见它的作用实在不小。

79. 为什么会产生"船吸现象"?

如果两艘船舶靠得很近并行时,就会像装了大磁铁似的,自动地慢慢靠拢在一起甚至会导致碰撞,这种现象称为"船吸现象"。为什么会有这种现象呢?

同向船相吸现象示意图

因为当两船平行航行时,两船的船舷间形成一条相对狭窄的水道。人们就会看到两舷间水道内水流速度要比舷外的水流速度大,水流速度越大,水的压力就会变小,导致舷内水流压力小于外舷侧水压,因此就会产生压力差。在这种压力差的作用下,两船就会相互靠拢到一起了。

80. 为什么船舶的舷窗都是圆形的?

坐过船的人可能都会发现一个有趣的现象:船舶的舷窗都是圆形的,而陆地上房屋的窗户大都是方形的。这里又有什么奥妙呢?

船舶在海上航行环境是复杂、多变的,经常会遭风暴的袭击等自然灾害的考验。船舶的舷窗也会经常受到大浪的拍打以及水压的作用。圆形能有效地解决应力集中,比其他形状更能承受拉、压等应力的作用。而如果做成矩形或菱形,应力就会集中到某一个面上,承受外力的能力比圆形弱,容易变形或破裂。因此,为了在遭受风浪拍打时防止舷窗破裂,设计师们就把舷窗做成圆形。同时,如果周长一定,圆形比其他形状的面积又大,采光性更好,房间内会更显得宽敞明亮。

81. 远洋船舶一般能连续航行多远?

在公路上奔驰的汽车可以根据需要随时停下来去路边的加油站加油,而司机也可以随时停车用餐,可船舶航行在茫茫的大海上,航行起来少则几日,多则数十日,这样到哪儿去加油或用餐呢?因此船舶在开航前要携带足够的燃料、滑油、淡水及食物等。人们称船舶一次装足燃料后按规定航速航行时所能达到的最大距离为船舶的续航力。由于对船舶的使用要求不同、主要航行路线不同、装添燃油的地点不同,因此船舶的续航能力也各有不同。一般说来,远洋运输船舶的续航力都在1.2万海里以上,也就是说是在22224千米以上。一些现代化的大型船舶的续航力还远远超过1.2万海里呢。

82. 现代船舶到底能航行多快?

在现代运输工具中,船舶的航行速度是相对较慢的,因为水的阻力较大使它的速度难以提高,远远落后于汽车、火车的速度,更不能与飞机相媲美了。那么现代船舶的航行速度到底是多少呢?

一般来说,现代集装箱船和大型客船的速度都在20节左右,也就是说每小时37千米左右。大型油船的速度较慢,一般在10节左右,即每小时18千米左右。散杂货船则介于二者之间,一般在10节~16节左右,每小时18.5千米~30千米左右。速度最快的要数气垫船、高速双体船、水翼船等高速船,一般都在45节左右,每小时80千米。目前,世界上速度最快的船舶已达到每小时200多千米,随着现代造船技术水平的提高,今后有望达到500千米~600千米。到那时,船舶可能真的要与汽车一比高低了。

83. 船用淡水是从哪里来的?

船舶在大海上航行时,每天都要消耗相当数量的淡水。这不仅是用来满足全体船员、旅客的日常生活需要,而且有许多机器设备每天还要"喝"一定量的淡水才能维持正常运转。那么船上的淡水是从哪里来呢?原来,船舶上都设有专门的淡水舱,开航前在港口就装足了淡水。

但是,为了船舶增加运货量,淡水舱不可能很大,同时为了减少在港口购买淡水的费用,增加船舶的应变能力,现代的船上还都设有专门的海水淡化装置,船舶航行过程中,它可以将海水转变成淡水供船舶上使用。这些淡化的海水在船上一般都用作非饮用水。

84. 船用造水机是怎样制造淡水的?

古希腊著名的哲学家和自然科学家亚里士多德曾做过一个有趣的实验。他把咸水放在半封闭的容器里,然后加热将咸水烧开。随之,他惊奇地发现,水蒸气中已不再含有盐分,凝结成的水珠也就不再有咸味了。这个实验可以说是世界上最早的一次海水淡化试验,亚里士多德所采用的方法就是人们在船上造水用的方法——蒸馏法。如果把水烧到100℃时,水就会变成蒸汽,把这些蒸汽冷却成水便是纯净的蒸馏水了。船舶造水机就是采用这种原理造淡水的。在一个加入海水的封闭容器内先用设备将它抽成真空(即气压很低),然后只需将海水加热到30℃~40℃就会沸腾,变成水蒸气了,然后将其冷凝成水,这就是人们所需的纯净的蒸馏水了。

85. 船用造水机造的水能不能长期饮用?

船用造水机造的水可要比在港口装入的自来水的水质高得多,尽管它无色无味,却只能作为船舶机械设备和日常生活使用,不能长期作为饮用水。因为造水机造的水就是蒸馏水,蒸馏水所含人体必需的矿物质太少,而且这些蒸馏水是在30℃~40℃蒸汽冷凝而成的,不能杀灭病菌,因此,长期饮用不仅使身体因缺乏必要的矿物质而营养不足,还会因病菌的感染而生病呢。所以船用造水机造的水作为饮用水时必须要经过矿化和杀菌处理。现在流行的纯净水并不是纯净的蒸馏水,而是经过矿化和杀菌处理,有益于身体健康的水。

86. 海水能作船舶机械的冷却水吗?

船舶是依靠大量机械设备的运转做动力的。机械设备的运转又不可避免地产生大量的热量,因此,必须用大量的水来冷却才行。而船上的淡水是非常紧缺和昂贵的。也许你会问:"海水取之不尽,用海水不行吗?"其实,问题没有那么简单。因为机械设备多半是金属制品,经验告诉人们,海水对金属的腐蚀是非常严重的。例如,被海水浸泡过的铁器之所以很快就会锈得很厉害,是因为海水中硫酸根离子的浓度比淡水中高10倍,盐酸根离子的浓度比淡水的要高330倍,这些酸根离子会对金属材料产生严重的腐蚀。而且,人们在抽取海水时,不可避免地会把一些海洋生物吸进来,这些海洋生物特别是藻类和贝类会在设备的内壁和管道上附着、繁衍,引起管道堵塞,若是设备发生了故障,那就更令人伤脑筋了。所以,如果不采取任何特殊的措施进行处理,是不能用海水直接冷却机械设备的。

87. 为什么与海水接触的设备上要装有锌块?

如果海水直接接触机械设备,在海水强烈的腐蚀作用下设备很快就会被破坏。但是经科学家们研究发现,海水中所含的金属离子(阳离子)的种类很多,其自身都带有不同程度的电位,因而会腐蚀设备。于是,人们又想

到了可以用电化学方法来防止金属腐蚀。其中最常用的一种电化学方法就是在设备上连接一种比被保护的金属设备表面电位还要低的金属或合金(如锌棒等)作为阳极,这样海水腐蚀的是附加的阳极金属,从而达到保护设备的作用。这种"丢车保帅"的方法叫作牺牲阳极法。这就是为什么与海水接触的设备上要装锌块的原因。

88. 为什么大部分客船在造型上采用梯形或塔形上层建筑形式?

客船一定要给旅客有安定和轻松的感觉,这就要求船舶在设计上使外观和重心满足视觉上的稳定感,同时应具有相应的速度感。客船要求舱室具有尽可能高的空间,以创造一个舒适、开朗和愉快的内部空间环境,而竖向的加高对视觉的稳定和船舶的速度感,又会带来不利的影响。因此,设计师们在造型设计上采用了梯形或塔式上层建筑形式,利用带有动感的斜线或曲线,既保证一定的空间高度,在视觉上用一些水平色条分割,将视线由上下方向向水平方向诱导,满足视觉稳定的要求,给人以轻巧、安定和流畅感。上层建筑前后端为收缩式斜倾,自下而上逐层递减,并在烟囱外汇交成一个金字塔形,这就具有很强的稳定感及速度感。

89. 为什么船舶外观多数为上明下暗?

色彩所传递的情感信息,能引起人们心理感受和联想,使人产生视觉误差,因此人们总感觉到红色的地毯不需要通过触觉去感受,便能产生暖感,而蓝绿色的毛毯总是给人凉丝丝的感觉。同样人们总感觉到相同的物体暖色要比冷色要重一些,如红色与绿色对比。因此船体为深色,上层建筑为浅色,上轻下重,

现代杂货船外观图

会取得良好的稳定感,同时明亮的上部也增加了一定的轻巧感。可是在20世纪初,那时的船体均为黑色,虽然感到十分稳定,但确实感到过分沉重。在今天的日本,国家铁路、船舶和港口使用的集装箱全部或部分采用明亮的黄绿色,给人较为轻松的感觉,就是利用了色彩的这一心理效应。

90. 为什么船上的娱乐场所多选用红色?

对于在现代船舶上工作的船员而言,紧张的工作、快节奏的生活会使时间易于遗忘。相反,对旅客而言,整日呆在船上,无所事事,即使很短的时间也会感到很长,有人甚至觉得难以消耗身上多余的能量。科学家们建议,繁忙的工作人员最好在具有柔和绿色的房间里休息,而客人则要让他们在娱乐场所的红色椅子上休息。实验证

巨型邮轮的多功能生活娱乐厅

明:同是一分钟的时间,红色环境中感到超过实际时间,而绿色环境中,感到不足一分钟,其判断误差是很大的。因此船上的娱乐场所,既要招引顾客,又要加快人员周转速度,最好选用红色或橙色环境。而在会议室、船员休息室和保健室等,宜采用冷色,这样既能使人忘掉时间,又能消除疲劳。至于对客舱用色一般不选用极端色,而选用中性的、情感丰富而又安定的颜色。

91. 船舶是怎样用舰首、桅杆、烟囱来显示气势的？

船舶外观主要用水平线进行分割、构成，让人产生平静、稳定、水天与船体协调统一的感觉。而从垂直线看上去，则又显得刚劲、挺拔、高昂，能引起心理的某种暗示，表现出一种雄浑、广阔的境界。那垂线向上的势态与水平横线形成对比，又能造成一种博大、催人奋进的气氛。在蒸汽时代的军舰舰首、桅杆、烟囱就是借此来显示甚至夸耀军威的。

92. 为什么会感到船在江河中航行速度快？

当人们乘船在大海里航行时，站在甲板上，遥望远方的海天一色，白浪滔滔；海鸥追逐着行船，仿佛就像钉在船舷边上一样，会使人感到船航行得太慢了。而当船以同样速度进入江河中时，却又会感到两岸的高山峻岭迅速后移，船行驶得多快啊！船速没变，感觉为什么有如此大的差异呢？这就是因为在江河中行驶时，江岸离人们比较近，看到两岸的物体迅速移动，就意识到船在迅速前进。而乘轮船在大海里航行时，水天茫茫，外界没有什么东西可以判断轮船在迅速行进中，于是觉得船行得十分缓慢，有时就好像是停顿一样。

93. 为什么航行在大海中的船舶需要十分精确的时间？

在日常生活中，人们一般是把时间准确到分钟就足够了，而在船上却需要更准确的时间，为此在船舶上设有一口专门提供准确时间的钟，叫天文钟。它是被专门保护起来，不能随意拨动的。那么，为什么船舶要求的时间连一秒钟都不能差呢?这是因为,以前通过测天、观察日月星辰来对船舶定位时,当船舶航行在大海中,时间相差一秒,所测船位就会偏离原来航线 400 米~500 米之多,随着航程的增加,船位测定的误差会越来越大,渐渐的船舶也就偏离了预定的航线,这是非常危险的,有可能引起船舶触礁、翻船等重大的海难事故。当然,现在船舶已采用了卫星定位系统,天文钟存在的意义已经不是太大了。

94. 在海中航行怎样知道海水的深度?

船舶在茫茫大海中航行时,必须随时测出航线上的海深情况,以便对海底的地形有大致的了解,才能保证航行的安全。现代船舶上都设有专门测海深的仪器,叫"测深仪"。它可以在船舶航行时向海底发出声波,当声波遇到海底后会立刻反射回来。只要计算一下声波从海面"跑"到海底,然后又从海底回到海面,来回一次需要多少时间(声波在海水中的平均传播速度是每秒 1500 米),这样,只要经过简单的乘除运算就可以算出海洋的深度了。

引航用灯塔

95. 指南针的发明与列强入侵我国有什么关系?

指南针是我国古代的四大发明之一,它对世界航海事业作出了不可磨灭的贡献。早在春秋时代,在《韩非子·有度篇》中就有"立习南以端朝夕"的记载,这就是我国最早记载磁铁的指极性。指南针用于航海最早大约是在北宋宣和年间。后来又经阿拉伯人传播到欧洲,使整个世界航海事业发生了巨大的变革。但不幸的是,19世纪中叶,欧美列强竟用我国发明的指南针作为导航系统远渡大洋来侵略我国。

96. 指南针所指的"南"是十分准确的南方吗?

人们在迷失方向的时候,常用指南针的指南性来判断方向。但如果拿一个指南针测一测北极星,就会奇怪地发现,指南针上的北并不是严格地对准北极星方向的,而是有一个偏角。原来,这是因为指南针是受地球的南磁极和北磁极的作用而指出南、北的。由于地球的两个磁极并不是同地球的南北极相重合的,并且地磁极本身每年还有周期性的移动规律,所以各地的指南针并不是指真南

指南针与"磁偏角"图

或真北的,只能说它大致指出南、北。在我国东部沿海,指南针方向就总是指在北极星的西面。航海人员称,这个偏差角度为"磁偏角",在航海时要根据各地的"磁偏差"资料加以校正才能准确地对船舶导航。

97. 为什么在航行中指南针会失灵?

当船舶航行到有的海区时,人们还会发现一个奇怪

的现象:船舶的罗经就像着了魔似的,指针不再指向真正的南北了。这到底是为什么呢?原来,罗盘的指南针是带磁性的,在正常情况下,它受地球的北磁极和南磁极的作用而指向北和南。但是,在有的海区,海底下隐藏着大量的磁铁砂,铁砂就像一块巨大的磁铁一样紧紧吸引着罗盘的指针,使它们发生不同程度的偏转,那就肯定不会指向真正的南北了,因此在指南针失灵的地方往往就会有大铁砂。人们以后遇到这种现象时,也就不会感到特别奇怪了。

98. 如何在夜间用最简易的方法判断方向?

当人们在夜晚乘船航行于茫茫大海中时,伴随着滔滔碧波,仰望夜空繁星密布,美丽无比。如果此时迷失了方向可怎么办呢?别急,大家可以通过北极星来判定出方向来,因为你可以发现在夜空中有七颗星排列成一把勺子的形状。这是大熊星座的七颗主要的亮星,叫作北斗七星,或叫勺子星。顺着勺口上两颗星的方向,划出一条假想的连结线,其长短约是两颗星距离的5倍,而连结线的另一端,便有一颗明亮的星,它就是北极星了。如果你正好是面向北极星的,那么,你的正前方恰好就是正北了。

99. 白天在大海中航行迷失了方向怎样办?

当人们乘船在大海中航行时,四面是茫茫大海,没有任何物体可以指示方向,很容易迷失方向。不过,你只要带一只手表就可以判断方向了。方法是将钟表放平,以时钟所指时数(每日以24小时为计算单位)的对半位置对向太阳,钟表上12点所对的方向就是北方了。比如某地时间是下午14时,它的对半是7时,只要把表上的"7"字对向太阳,钟表上"12"所指的方向大致就是北了。又如某地时间是8时,它的对半是4时,只要把"4"字对向太阳,钟表上"12"指向的方向大致就是北了。所以,大家在以后郊游或野营训练时,如果万一迷失方向,就不用着急了。

100. 海面上明显的水色界线是怎么产生的?

在海上航行时,人们还会经常发现在碧蓝的海面上会出现一条明显的蓝黄分界线,显得非常漂亮。这条水线到底是怎样产生的呢?原来,这是因为附近海区有河流入海口造成的。河水在不结冰的时候,一般温度都比海水温度高,而且含盐分少,密度要比海水密度小得多。因此,当河水入海时,就像油倒在水面上一样,总是浮在海面上流动。如果河水流量很大,含沙量较多,它的覆盖面就很少。因为河水含泥沙等杂质,它的颜色一般呈淡黄色,与海水的深蓝色明显不一样,因而在河水覆盖面的周围,常常可以形成明显的水色界线。因此,当人们看到这种现象时,就能推测出已经距岸边不远了,并且附近有河水流入海中。

101. 轮船为什么总是逆水靠岸?

如果你有机会乘船游览长江的话,就会发现一个很有趣的现象:当船在长江中顺流而下,到岸时,它却不立刻靠岸,而是要绕一个大圈子,直到使船头逆着水流方向行驶以后,才慢慢地向码头斜渡,然后再平稳地靠岸,而且江水越急,这种现象就越明显。这是为什么呢?我们可以用一个例子来说明:假若水流速度是每小时 4 千米,船要靠岸时,发动机已经停了,船本身的速度

多用途杂货船

是每小时 5 千米,这样顺流时船的速度是每小时 9 千米,而逆流时是每小时 1 千米,当然船是在每小时 1 千米的速度时比每小时 9 千米的速度容易停车了。因此使轮船逆水靠近码头,就可以利用水流对船的阻力,起一定的"刹车"作用,使船快速停下,便于准确而又平稳地靠上码头。

102. 轮船是怎样急"刹车"的?

在紧急情况下,自行车、汽车和火车都能立即刹车,

可是你知道轮船也能急"刹车"吗？

现代船舶载货量都比较大，本身质量也比较大，由一定航行速度而突然停车时，因它自身的惯性比较大，因此不可能立即停止，而是要继续向前行进，直至缓缓停下。因此，船舶的"刹车"不能像汽车那样灵敏，这就要求船员在航行中，准确观察前进中的动态，若发现前进中有障碍物存在，就要及早采取措施。遇到紧急情况要求立即刹车时，可以将轮船的主机开倒车，同时还要立即抛锚，通过锚的抓力将船舶紧急制动。

103. 船舶为什么要选址抛锚？

人们乘车时，可以根据需要在路边停车，而船舶在海中停止时，却要经常围着某些海区转圈子，找合适的位置才能抛锚停船。为什么有的地方可以抛锚，而有的地方不行呢？因为海底有石头、礁石、泥、沙以及各种贝壳、动植物的骨骸等多种复杂类型，这是由于火山爆发、冰川崩塌，大气和水流的侵袭等原因造成的。海底情况各有不同，它对锚的抓力差别就很大。细泥和泥沙地对锚的抓力大，而大石块或整块石头根本没有抓力。抓力大的地方就可以抛锚，抓力差的地方就不能抛锚，如果抛下去，锚也抓不住，船就会随着流水任意漂走，如果漂到浅滩或暗礁上，那将是非常危险的事情。

104. 船员怎么会遇到一天不是 24 小时的"怪现象"？

每天正午 12 点时，太阳都在天空的正南方，也就是说人们平常使用的时间是以太阳的方位作为标准的，即每当太阳通过地球子午线的时刻，就是当地正午 12 点。

地球上不同地点的人,看到太阳通过地球子午线的时刻是不一样。因而各个地方根据太阳的方位定出的时间就各不相同。当伦敦是中午12点时,北京正值下午7点45分。人们为了规定统一,把地理经度为零度的英国格林尼治时间作为全世界的标准时间,叫作"世界时",然后,把全球分成24个时区,每个时区占据经度15度。格林尼治天文台所在的时区,叫作零时区。零时区向东依次为东1区至东12区,零时区向西依次为西1区至西12区。向东每跨1个时区应加1个小时,向西每跨1个时区应减1个小时。例如北京位于东8区,当北京时间为上午8点时,东9区时间为9点,而我国新疆位于东6区,时间应为上午6点。如果有一艘船从天津出发一天之内到达了日本,而日本所处为东10区,天津处于东8区,因此这艘船在到达日本前时钟应拨快2小时,即这艘船上的船员这一天实际生活了22小时,如果船向西航行则相反。不知你有没有经历过一天为22小时或25小时的日子?

105. 为什么船员日历上的一页却要过两天?

大家有时可能会感到奇怪,地球上的"今天"到底是从哪里开始,"昨天"又是到哪里结束呢?为什么地球上总有一部分人生活在"今天",而另一部分人生活在"昨天",其实区别"今天"和"昨天"的地方是一条界线,它叫作"国际日期变更线",地球上是没有这条线的,是人们所规定的一条假想的线。这条界线从北极开始,经过白令海峡,然后穿过太平洋一直到南极为止。人们可以在地

快速航行中的大型客船

图上直接找到这条线。它是地球上每一个新昼夜的出发站,同时也是终点站,日子从这里"诞生",然后开始"环球旅行",向西绕地球一周后,重新截止过这条界线后,新的一天又开始。因此为了不使日期变乱,国际上规定,当轮船从西向东越过这条线时,要把同一天计算两次,也就是日历的一页要保留两天;而轮船从东向西越这条线时,日子要跳过一天,也就是一下子从日历上要撕去两张。当人们乘船路过阿拉斯加时,就会遇到这种情况。

106. 跨时区航行时是怎样改变船舶钟表时间的?

船舶横渡太平洋或大西洋时,要不断地跨越时区,不断地改变时间。当船舶由东向西航行时,每跨一个时区,人们就要将钟表拨慢一个小时,当船舶由西向东航行,每跨一个时区时要将钟表拨快一个小时。船舶上有一套专门改变时间的系统叫子母钟系统。当船舶每跨一个时区时,它将全船的钟表自动拨快或拨慢一个小时。现代大部分船舶上在跨时区改变时间时仍是由驾驶台通知的。它是由驾驶员测定船舶所处的经度,然后计算是否跨越时区,如果跨越时区,则电话通知船舶各部门改变钟表的时间。如果你在晚上7:30开始睡了50分钟,等醒来一看钟表所指时间却是7:20,时间向后退了10分钟,遇到这种情况时,你也大可不必感到奇怪。

107. 为什么站在甲板上时间长了全身会感到粘湿的?

如果人们站在航行中的船舶甲板上或站在海边,任轻轻的海风吹拂,沉醉于大海的美景中,时间一长,就会发现全身粘湿,不太舒服。为什么会出现这种感觉呢?原来,海水的蒸发会使海面的空气非常湿润,而人皮肤上的毛发等纤维组织有许多毛细孔,这些毛发和汗毛是非常灵敏的湿度计,当空气湿度大时,毛细孔内的水分增加,就使毛发含水量增加且伸长,当空气湿度减小时毛发会干燥且收缩。因此,人们在海风中站的时间长了,皮肤上的毛发就会含有一定的水汽,浑身感觉就潮湿了。

108. 空中的船舶是怎么来的?

在平静无风的海面航行时,有时会看到空中会有船舶游动,可是当大风一起,这些美景却都消失了,其实这是一种幻景,人们通常称为"海市蜃楼"。为什么会出现这种现象呢?

在夏季,白天海水温度本来就比气温低,特别是有冷水流时的海面,海水温度会更低,接近海面的空气受水温的影响,较高空的气温低,出现下冷上暖的现象。接近海面的空气本来就因气压较高,密度较大,现在再加上气温又较上层低,密度就显得特别大,因此,形成空气层上下密度不一致,下密上稀的现象。当光线经过密度不同的介质时会发生折射现象。假使在海平线有一艘轮船,一般情况下人们是看不到的。但是船舶的光线先由低部密的气层逐渐折射进入上空稀的气层,并在上层发生全反射,又折回到下层密的气层中,这样经过弯曲的线路,最后影像就投到人们的眼中了。我国渤海南岸的蓬莱海面上就常出现这种海市蜃楼的景观。

109. 为什么船舶经常是夜间遭受雷雨袭击?

由于海水的体积比较大,以及它吸收的太阳热量不断向深层传递等原因,在夏季海水的温度要比气温低。由于白天接近海面的空气温度比较低,上层空气温度就要比下层的高,这样上暖下冷,空气层十分稳定,不容易使海面上的空气携带大量水汽上升而形成雷雨。而到了夜间,没有了太阳照射,上层空气开始迅速冷却,而接近海面的空气却由于水面不断放出热量,温度反而较上层高,这样就使得空气层不稳定,使海面的空气会挟带大量水汽迅速上升,待上升到一定高度后水汽被冷却了,就形成了雷雨。因此,夏季船舶航行在大海上时,经常在夜间遭受雷雨袭击,而陆地上雷雨多发生在白天。如果人们乘船在夜间遇上雷雨时,千万不要独自站在甲板上,因为这时天色漆黑,风大浪急,很容易出现危险。

110. 海豚群在船周围乱窜预示着什么?

当船舶在孤寂的大海上航行时,如果看到海面上海豚群跳跃乱窜时,立刻会引起全体船员们的欢呼雀跃,这给寂寞的海上生活平添了几分乐趣。不过,你应该意识到风暴将要来临了。

腾空飞越的海豚

海上产生风暴是由于低气压的发展而加速了冷空气的活动引起的,同时也引起海洋发生一些不明显的扰动,例如产生很强烈的涌。另外由于气压的剧烈变化,会产生一种次声波。这些扰动的传播可要比天气变化快得多。海豚长期生活在海洋中,具有发达的听觉,对水流、温度以及声音的刺激特别敏感,能听辨频率极低的次声波,当海豚感觉到波浪和气压变化所引起的次声波时,为了逃避灾害,以求生存,而群起乱窜,形成海豚表演的壮观场面。

111. 为什么海水冒泡、变脏就预示天将转阴呢?

如果你正在海里游泳时,发现了海水冒泡、变脏,就应该及时游回到岸上,以免发生危险,因为海水冒泡、变脏就预示天气将转阴了,这是为什么呢?

海水中本来就含有一些气体,这样鱼儿才能在水中吸收氧气生活。在天气晴好的时候,气压较高,气体就能较大量地溶解在水中,不会冒泡。如果气压降低,天气将转阴时,由于气压下降,水中就不能再容纳那么多的气体了,于是一部分气体将形成气泡浮出水面。在浅海海底有很多动植物的腐烂物,当气泡浮到水面上时,也就把海底的脏秽和海腥臭带到了海面。如果出现了暴风雨,还会引起海水的垂直运动和潮流发生剧烈的变化,海水冒泡、变脏的现象就更明显了。

112. 为什么在浅水区航行时船体会下沉?

如果同一艘船舶从深水区航行到浅水区后,船体会有少量的下沉,也就是说船舶吃水深度增加了。这是为什么呢?因为船舶在浅水区域航行时,船底与海底的距离变小,虽然船是以同样的速度行驶,但船底和海底之间水的流速会加快,也致使压力降低,因此,即使是同一艘船舶也会因船底压力减小而使船体下沉,使船舶吃水深度增加。

113. 怎样通过日、月、星辰确定船舶位置?

船舶航行在茫茫大海中,周围什么参照物都看不见,唯一能看到的就是天空的日月星辰。那么,怎样通过它们来确定自己的船位呢?

船员们首先通过一个测量角度的仪器,叫六分仪,来测量出天体与海平线的高度,也叫天体高度。例如,人们用六分仪测得太阳的高度是40度,位于地球上一个等高度船位圈上的船体都与太阳成40度角,所以只说明船舶位于一个圈上,不能找出位于哪一点上。如果再测另一个天体高度,例如月亮与海面的高度,就会获得另一个船位圈。既然船舶位于两个圈上,则一定是位于两个船位圈的交点 A 或 B 点上。一般船位圈的半径很大,也就是说A、B两点相隔很远。那么，A、B两点哪一点离自己计算的"推处船位"较近，那一点就是自己船舶所处的较准确位置了。

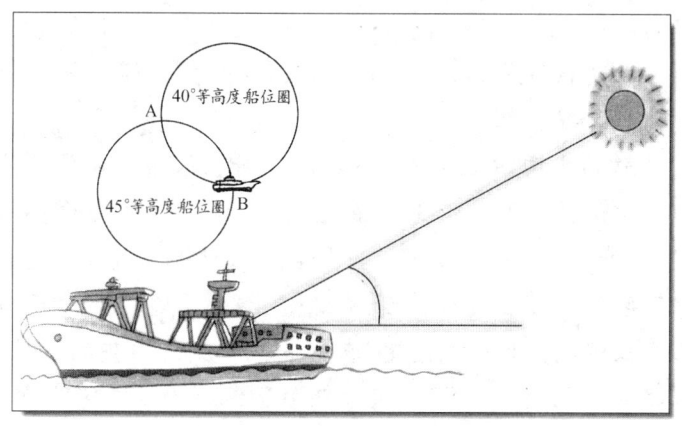

用六分仪测定船位示意图

114. 最简单推算出船舶位置的方法是什么？

当人们乘坐巨轮，乘风破浪前进时，往往会提出这样的问题："大海一望无边，怎样大体知道自己的船在哪儿呢？"大家都知道，两直线相交，可以确定一点的位置。当船舶从港口开出时，船员总是要事先用船上的罗经（较精密的指南针），来测量出岸上导航物标或小岛的方位，确定船的起航点，然后再沿着预定的计划航向线航行。有了起航点，用计程仪（计算航行距离的仪器）就可以测量出航程了，这样就可以在海图上画出这条船的大概位置了。

115. 什么是天文导航?

在茫茫大洋中,巨轮是怎样随时确定船舶所在的位置,又是怎样掌握航向的呢?现在的方法有很多,并且测定的结果也越来越精密,如无线电导航、人造卫星导航等。而现在最基本、最通用并且也是船员必须掌握的仍是天文导航。

作为我国四大发明之一的指南针在很早以前就已被用于航海上了,当然,现代的罗经比起几千年前的罗盘(指南针)要精密得多了。轮船在大海中航行时,就是根据罗经的读数和航行速度,先测定出"推算船位",然后用六分仪观测天体的高度定位,再进一步测定准确的船位,来指导船舶航行,这就是天文导航。

116. 什么是航路?

汽车在公路上行驶,火车在铁路上行驶,它们都有固定的路线,而轮船在海上航行也是有一定的航行通道的,这就叫航路。航路是在海洋、湖泊、江河等水域,可供船舶航行的通道,一般均设置有航标等助航标志,并有充分的水深和宽度,以及比较良好的水文、气象条件等。一般广义上的航线可能包括有几条航路。例如中加航线中,在不同的季节,对于不同灯型的船舶就可以有几条不同的航路可供选择。

117. 什么是磁罗经?

指南针是中国古代的四大发明之一,而把指南针用于航海事业也是从中国逐渐传到西方去的。那么,现代的船舶上还用不用指南针进行导航呢？实际上，现代船舶的导航设备已不再是简单的指南针了，而是磁罗经。

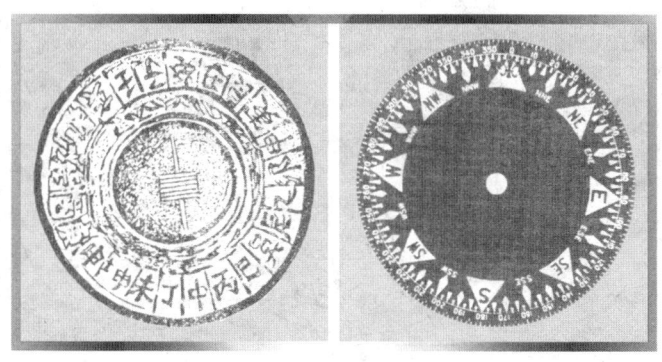

船舶使用的磁罗经正面图

它是一种更加精密的指南针。它是利用磁针在地磁作用下能指北的原理制成的一种指向仪器，是由我国古代的司南、指南针、罗盘逐步发展起来的，主要由罗经盆和罗经柜两部分组成。在船上按使用性质和安装位置又可分为很多种。磁罗经比其他导航设备结构简单，但因受地磁和船磁的影响，也存在着指向磁差和自差，使用时只要注意用它的偏差值进行校正，并避免在罗经周围堆放钢、铁、电、磁等器材就可以了。

118. 什么是海事卫星组织？

海事卫星组织是一个可以提供全球范围内卫星移动通信的政府间合作机构。它成立于1979年，初期主要是为海上用户提供卫星通信服务，现在已发展成为为海陆空用户提供全球卫星移动公众通信和遇险安全通信的业务服务。1979年中国政府也加入了国际移动卫星组织。

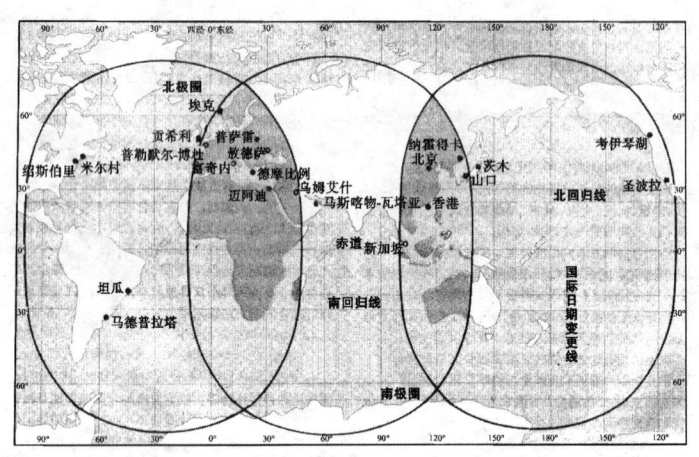

国际海事卫星全球覆盖图

目前,国际移动卫星组织使用的是4颗静止轨道卫星覆盖全球,这4颗卫星的覆盖区是互相重叠的,卫星系统是通过地面站将移动终端和同类终端、所有国家陆地通信网和蜂窝网连接在一起,因而形成了除极点地区以外的全球无缝隙覆盖。

119. 怎样用互联网预报海盗?

从古到今,海盗的存在给航海船舶的生命财产安全带来了严重的威胁,已经成为国际航海业的公害。针对打击国际海盗的活动,国际海事局现在也开始利用互联网进行海盗活动预报了。从2000年开始,每逢星期二,他们就通过国际商会网址上的商业犯罪服务网页,向会员及船东通报每周海盗犯罪的动态信息。这对于执法机构来说同样是相当有利的。需要这些信息的公司和客户也可以从电脑上及时下载资料,并通过电传让正在海上航行的船长和海员了解每周最新情况,让他们提高警惕,注意新的动态,及时采取防范措施,以保证海上人命及货物的安全。

120. 为什么在大风侵袭前海面会出现短暂的平静?

红日当空,碧波万里,当人们驾驶万吨巨轮在无际的大海上迎风破浪,奋勇前进时,突然海面上会出现不正常的平静。每逢这时,有经验的船员们就不得不提高警惕,做好准备,迎接大风大浪的到来了。因为,他们知道这是大风侵袭前,海面上出现的短暂平静。

为什么在大风侵袭前海面会出现异常平静的现象呢?原来,一年四季输出冷空气的北半球,当有低气压侵袭海洋时,冷空气是伴随着低压后部南下的。当冷空气南下时,会与南边的暖空气有一个交界面,气象学上称为锋面。在强大的冷空气南下时,会把暖空气往南推移,这种锋面也随之南移。这种锋面前吹的是较弱的偏南风,而锋面后吹的是强劲的偏北大风。受偏北大风的影响,海面上会产生波浪,而且波浪的方向是自北向南传播的。因为波浪传播的速度要比锋面移动的速度快,因此波浪就将锋面抛到后面而独自跑到前面去了,而跑到前面的波浪会遇到前面因较弱偏南风引起的波浪,这两股波浪正好互相削弱抵消。所以,在大风来临前,海面上反而会出现一段时间的暂时平静的现象。

121. 为什么船舶不能紧贴冰山航行?

水冻成冰以后体积就会膨胀,这样固体的冰反而要比结冰前的水轻,所以它能漂浮在水面上。实验证明,水

变成冰后,它的体积增大了六分之一,这种现象表现在海洋浮冰上,那就是浮冰总体积的六分之一浮出水面,而六

船舶与水下冰山相撞示意图

分之五的体积仍沉在水面以下。因此,当人们在海面上看到冰山时,那仅仅是整个冰山的六分之一。如果船舶紧贴水面上的冰山航行,必然会撞击到水面以下的冰山上,造成重大海难事故。

122. 船舶在大风浪中航行遇险时为什么要向海面撒油?

当船舶在航行中遭遇大风浪并且发生危险时,为了保护生命和财产,船长就会下令向船舶周围的海面撒油。那么,为什么要向海面撒油呢?原来,将油撒在海面上,可以增加海水的表面张力,减小海水对风的阻力。当风吹来时先吹动油膜,油膜下面的水所受的震动就较小,使浪不致开花,浪高也会大大降低。因此船舶在大风浪中航行遇到危险时要向水面撒油,可以减低波浪的汹涌程

海洋航运

度,对稳定船舶起到很大的作用。通常选择的油质是以动植物油或机械废油为最好,而重柴油次之,火油和轻质油效果就小一些。有些船舶首楼内装有固定撒油箱,并有两根油管分向左右通海,还有的是利用厕所的排泄管或浴缸洗涤盆的通海排水管撒油。

123. 船舶在风暴中是否可以掉头?

在陆地急驰的汽车可以根据需要随时转弯掉头,那在海里航行的船舶是不是也可以这样操作呢?应该说,在正常的天气情况下并没有太大的问题,但是,在大风大浪的天气就没那么简单了。因为,船舶在风暴中掉头是非常危险的。若不是在船舶失控等不得已的情况下决不可以轻举妄动,尤其是空船掉头就更加困难了,弄不好就会葬身海底。这时就要求船长必须对船舶稳性和操纵性都有彻底的了解,对外界风流有正确的判断,而且还要将船上易动货物、物料、餐具等妥善放置后选择适当时机才能下达掉头命令。一般是利用连续几个大浪后海面上出现暂时平静的短暂时机,果断转向。此时还应尽量顶风掉头,即向上风头掉头。只有在向上风掉头操纵确有困难时,才冒险向下风掉头,必要时还要从上风撒油镇浪,以便协助掉头。

124. 风暴中航行的船舶应增速还是减速?

在海洋中航行,随时都会遇到风暴的袭击,如果在风暴来临之时,为了躲避风暴袭击,全速航行是必要的。但是,在风暴已经袭来时,船长又是怎样控制船速的呢?由于船舶在风暴中航行时会产生剧烈的摇晃,船体受波浪猛烈冲撞,给驾驶员操纵船舶带来很大的困难,此时减速航行才是较好的措施。但如果船舶速度太小,舵效较差,船舶改变航向就很困难,因此顶浪航行时船速减少到仅能维持舵效即可,这样可以减少浪对船的冲击力,使海水不至于大量涌上甲板,减轻船体震动。如果是顺浪航行,船速要减少到维持舵效略快于波浪前进的速度为最好。

125. 压舱水对空船航行有什么作用？

人们在骑自行车顶风前进时都要尽量减少携带的货物,以减少阻力,可是,空船在大风浪中航行时,为什么要打入大量海水加载运行呢？原来,油船和装运大宗货物的货轮(如煤、矿石、木材等),常常是单程货载运行的,在返回途中,多数是空船航行。这时,由于船体露出水面部分较大,使船接受风的面积也较大,同时,用于控制船舶方向的舵浸入水中面积小,难以控制航向。因此,为了航行安全,要在船舶的某些舱内(压载舱)压入海水或在货舱内装载特殊重物来增加排水量,以稳定船舶,有利于航行,这就是所谓的压载航行了。

126. 船舶是如何躲避台风的？

台风是船舶航行中最大的"天敌",也是考验和锻炼驾驶员的关键时刻。通常在船舶航行中驾驶员要仔细观察天气状况,及时接收天气预报,对台风要及早采取避让措施。万一遭遇台风,为了避免卷入台风中心,也应采取应急有效的措施。

台风卷起狂风大浪

因为台风的右半圆是危险半圆区,在这个半圆中风浪较大,而且台风中心有向船倾靠的趋向,如果船正好位于此区域,就很有被卷入台风中心的危险。每当遇到这种不幸,聪明的船员总是先调整船舶方向使船舶的右舷船首受风,并尽量保持使风从右舷15度~30度吹来,而且要全速前进驶离险境。

由于台风的左半圆区风浪较弱,危险较小,且台风中心有偏离船舶的趋向,如果船位于这个区域,相对危险就小一些了。如果这个时候再调整船舶方向使船舶右舷船尾受风,全速前进,就可以离开台风区。

127. 为什么台风眼里没有风?

台风是热带海洋上的大风暴,它实际上是范围很大的一团旋转的空气,边转边走,四周围的空气绕着它的中心旋转得很急。空气旋转得越急,流动速度越快,风速也越大。但是在台风中心大约直径为10千米的圆形面积

台风眼示意图

内(称为台风眼),因为外围的空气急速旋转,外面的空气就不易进到里面去,在那里就好像一根孤立的大管子一样。所以台风眼区的空气,几乎是不旋转的,因而也就没有风。台风眼外的空气一面环绕中心以逆时针方向旋转,一面还携带大量的水蒸气上升,通常会形成大片灰黑色密布的云层和急风暴雨。而台风眼区的空气是下沉的,因而是晴朗天空,会出现短暂的晴天。但是,因为台风眼的大气压力比四周要低得多,所以,台风眼虽无风但海浪却异常凶险。

128. 为什么在中、高纬度的北大西洋冬季狂风恶浪特别多?

远洋航行的海员,都有这样体会:冬季船舶在经过中、高纬度(30度~60度)北大西洋时常常要与狂风恶浪展开一场拼搏。那为什么北大西洋的狂风巨浪特别多,而且冬季还要比夏季风浪大得多呢?

原来,在中、高纬度的北大西洋存在着比低纬度要强大得多的冷流和暖流交接的过渡地带。在这个过渡地带内的水温变化最剧烈,其相邻两边水温的差别也最显著。在冷、暖流上面流过的空气也必然会受到水温对它的影响,这样在冷暖流交接的过渡地带,也往往形成冷暖空气的分界面,称为"锋面",在这种"锋面"附近就往往容易形成风暴。而到了冬季,从高纬度来的强劲的东北风和偏东风,以及从副热带北缘来的西南风和强西风也同时在这一地带汇合,更加剧了冷暖空气间的温度差异,因此也就助长了风暴的频繁产生和发展,使中高纬度北大西洋在冬季产生的狂风恶浪也就特别多了。

129. 为什么感觉摇晃越厉害的船却越不容易翻?

为什么感觉摇晃越厉害的船却越不容易翻呢?原来,像玩具"不倒翁"一样,晃动越厉害的船舶一般重心较低,摇晃的幅度也比较小,但摇晃的频率却较高,因此一遇到风浪,人们就会感到剧烈的左右晃动,也就容易晕船。但由于它晃动的幅度较小,反而不容易倾覆。而重心较高的船舶,它的稳心高度较低,它虽然摇晃的频率较小,但摇晃的幅度较大,在遇到风浪时,人们感到摇晃的并不是太厉害,但安全系数倒变小了,容易倾覆。因此"不倒翁"的底部要比上部重得多,使它的重心较低,虽然晃动的频率大,但就是不容易倾覆。

130. 为什么在弃船后还要迅速离开?

尽管谁也不希望有弃船的事件发生,但在大海上航行时,这种弃船的心理准备还是要有的,"泰坦尼克"号那惨烈的沉没事实对人们的教训是深刻的。在通常的航规中还要求弃船后要迅速离开200米!这又是为什么呢?原来,船舶在失事遇难时经常伴随有火灾、爆炸等危险事故发生,在船舶沉没过程中还会发生激烈倾斜,使舱间设

严重倾覆的集装箱船

备断裂散落,飞落在附近海面。而且,遇难船下沉时,还会引起强烈的旋涡,舱内大量空气自海底冲出海面形成强大的水柱,冲击力极强。同时遇难船燃油会发生外溢,由此引起的海面油、火等等,这些都会对落水者和在救生艇、救生筏上的求生者构成极大的威胁。因此,人员在弃船登上救生艇或救生筏后,还应迅速逃离到遇难船只200米以外的海区去。

131. 严重缺少淡水时能不能饮用海水?

大量资料已证明:海水是不能喝的,喝了后会产生严重的不良后果。因为海水是由多种物质组成的混合物,其中96.5%是水,3.5%是盐类。盐类中主要是氯化钠(食盐)外,还有氯化镁和硫酸钠等。人吃了氯化镁后会引起腹泻等疾病,会加速消耗体内水分。此外,人的肾脏排泄尿时含盐浓度不超过2%,而海水中盐分却有3.5%,

因此,如果喝了100毫升的海水,就要从人体内部抽取75毫升的淡水把100毫升的海水冲淡到含盐量2‰,才能通过肾脏排出。因此喝海水越多,人体内的脱水现象反而越严重,以致引起神经紊乱甚至死亡。经过对海上遇难者调查发现,饮用海水者的死亡率要比不饮者高出10倍以上。1996年世界卫生组织正式发表声明,提醒人们注意喝海水带来的危险,甚至连掺和一定数量淡水的海水也要谨慎饮用。

132. 在海上严重缺水时能不能饮用尿?

船舶遇难后在海上求生者很容易陷入严重缺水的困境中,而海水又不能饮用,因此人们自然会想到饮用尿。但是,由于海上救生者原本饮水量就已经大量减少,使尿液变浓,尿内含有的毒性废物量也会增加,如果饮用,就会导致恶心、呕吐,将进一步使人体内的水分减少,还会使人感到更加口渴,甚至造成海上求生者的加速死亡。因此,国际海事组织还明确表示:禁止饮用海水和尿。

133. 大海中的"淡水井"是怎样形成的?

人们在一望无际的大海中航行,最大的遗憾莫过于眼睁睁地看着那蓝莹莹、清澈澈的水不能饮用解渴了。于是,常年在海上生活的船员多么向往在海中能有一口淡水井,常年有清甜可口的淡水,咕咚咚向外流啊!而事实上,在某些海域确实存在有这样的"淡水井",那么这些淡水井是怎样形成的呢?这是由于濒临海洋的陆地表面渗入雨水后,如果地下的透水层,岩石层层面或裂隙向海里倾斜,而且下面又有不透水层,渗入地下的淡水就会在重力的作用下,流入海底,一旦遇到出口,地下水又受到水位差的压力,就会像泉水一样喷涌而出。这样就形成了海上独特的淡水井。

134. 为什么在低温海区逃生时还要多穿几层衣服?

在水中游泳时,如果穿的衣服越多就会越笨重,在衣服浸透水后,不仅重量增加,而且会直接影响在水中的游动,这时还总是感到浸了水的衣服并不保温。那么,为什么在低温海区,船舶遇难后船员在跳入冷水前还要多穿几层衣服呢?

其实,厚实的衣服虽然给求生者增加些重量,但是,正是这些衣服对人体还能起着至关重要的保温作用。尽管衣服被海水完全浸湿后会紧贴在身上,但它的导热性与水的导热性相差无几,它会在落水者身体表面与所穿的衣服之间形成一层较暖的水,而衣服可以阻止这层暖水与周围的冷海水进行交换和对流,因此能明显地延缓体温下降的速度,提高生存的几率。

135. 为什么在冷水中应避免通过游泳或饮酒取暖?

在寒冷的天气里,人们通常可以通过不断的活动或适当饮点酒来增加热量,使血液循环加快,把热量传递到全身,人就会感觉到暖和了,而在寒冷的水中却不能这样做。据实验测定:水的导热速度要比空气的导热速度快26倍,而水的吸热能力又是空气的3600倍,所以人体在水中散热要比在空气中快得多。在冷水中游动或饮酒,血液循环将加速,散热速度也就随之增大了。因为冷水会迅速将人体产生的热量吸走,并且冷水的吸热速率远大于人体的产热速率,从而导致人体温度反而下降。因此船舶遇难逃生人员就不应试图通过游泳或饮酒取暖了。我们到冷水中游泳时,也要避免做剧烈的游动,以免发生危险。

136. 人浸泡在低温水中可生存多长时间?

因为水的导热速度要比空气的导热速度快26倍,水的吸热能力也比空气大很多倍,所以,人体在水中散热速度要比在空气中快得多,体温下降很快。通常当人体温度降到35℃时,就会出现动作失调、疲倦,记忆力和辨向力消失,即"低温昏迷"状态。而当体温降至31℃以下时,人就会失去知觉,肌肉僵硬,眼球的瞳孔可能扩大,心跳变得不规律,而非常微弱,当体温降至30℃时就已经接近死亡,降至24℃~26℃时,人就死亡了。

实验证明,人在不同温度的水中浸泡预计可生存的时间是:低于0℃的水中,生存时间少于15分钟;低于2℃的水中,生存时间少于45分钟;在2℃~4℃的水中,生存时间少于90分钟;在4℃~10℃的水中,生存时间少于3小时。而不同的人种在低温水中生存时间长短也不一样:白种人比黑种人的生存时间长,但比黄种人的生存时间短;而胖人一般比瘦人生存时间长,女性要比男性的生存时间长。因此,在寒冷的冬天一般不要独自去游泳,以免发生危险。

137. 为什么遇难船舶沉没海域会有鲨鱼出没?

鲨鱼是最危险的海洋生物之一,它的视觉并不发达,不能分辨颜色,但它对明暗反差却非常敏感。虽然鲨鱼

的视觉已明显退化,但它寻找食物的能力却异常突出,这

鲨鱼总是围攻沉船

主要归功于它那高度进化的嗅觉器官和极为敏感的"侧线系统"。鲨鱼身体两侧的"侧线系统"是由一系列压力感受器组成,该感受器内的细胞对低频信号尤其敏感,能够感受到周围压力的任何细微变化。正是凭此遥测系统,鲨鱼可以探测到很远处发生的海难。一旦遇难船只沉没,往往在沉船附近水域会很快就出现鲨鱼,对逃生人员造成极大的威胁。

138. 鲨鱼袭击人有什么规律?

人们经常会看到有关从鲨鱼口中逃生的惊险故事,也偶尔会听到关于身丧鲨鱼口的报道,因此,对于常年工作在海上的船员来说,掌握一些有关鲨鱼袭击人的规律,还是相当重要的防身知识呢!

世界上所有海域中都有鲨鱼,特别是在南纬30度、

北纬30度之间的热带和亚热带水域更为常见。根据统计结果表明,在水温低于22℃的水域还未发现过鲨鱼袭击人的事件,这对于冬泳爱好者,无疑是一个福音。在一年中,鲨鱼攻击水中人员的事情多发生在夏季。而在夏季里,尽管任何时间鲨鱼都有可能袭击水中人员,但在一天中,尤其是下午3点至4点之间鲨鱼最容易袭击海里的游泳者。而且,鲨鱼袭击人与水深无关,在岸边同样会遭受鲨鱼的袭击。因此,炎热的夏天,人们游泳时决不能私自下海或游到防鲨网以外的水域去。

139. 在海水中要采取哪些防鲨措施?

如果在航行中船舶遇难,逃生是大家的共同心愿。在逃生中,如何防鲨是相当重要的,那怎样采取防鲨措施呢? 在遭遇海难后,弃船前应穿暗色衣服,戴好深色的手套、袜子。取下或遮挡手表等反光、发亮物体,以免引起鲨鱼的注意。在等待救助过程中,要避免身体受伤流血或出汗,防止鲨鱼嗅到人体的气味。如发现周围水域有鲨鱼活动,不要试图通过游泳逃避,因为鲨鱼游泳的速度要比人的速度快得多,企图通过游泳来摆脱鲨鱼反而会使鲨鱼容易探测到你的位置而主动袭击。若鲨鱼临近,可采用猛力拍击水面或急速打水或在水中大声发出"嘟、嘟……"的声音等办法对鲨鱼那高度敏感的侧线系统造成强刺激,迫使它离开。如果随身携带了驱鲨粉,这时就应尽快撒入水中在身体周围,形成一个直径几米的"保护圈",但千万不要轻易用刀攻击鲨鱼。万一不幸遭遇鲨鱼,保持镇静,采取一定措施,或许是鲨口脱险的最好办法。

140. 船舶在什么情况下要挂满旗、下半旗？

人们知道遇到国庆等节日时要挂国旗，而遇到重大哀悼日时，要根据政府通知下半旗，那在"浮动国土"的船舶上应该怎样操作呢？

挂满各色彩旗的船舶

凡遇到国庆、重大节日时，船舶上都是挂满旗的，以表示庆祝。一般船舶上没有专备一套满旗，在这种情况下，可将信号旗按照一面方旗与一面尖旗连接起来应用。悬挂方法是从船首经过桅杆横木处再到船尾，在双桅杆顶上还须悬挂国旗。在航行时，可将国旗升到桅杆顶上代替满旗。如果是其他国家的国庆日，应按我国政府的通知挂满旗，这时，就将该国的国旗升至主桅顶，以示区别。

遇到哀悼日时，应按照我国政府的通知下半旗，以示致哀。如果遇到其他国家的国丧时，通常也是根据我国政府的通知，将国旗下降到主桅三分之一处，以示区别。

141. 世界上最大的港口是哪一个？

荷兰的鹿特丹港是当今世界上第一大港。它位于莱茵河入海河段上，坐落在风光旖旎的鹿特河畔，邻近英国、比利时、法、德等西欧发达国家的主要工业区，地理位置优越，是大宗进出口货物集散中心，年吞吐量达3亿多吨，素有"欧洲门户"之称。它平均每6分钟就有

鹿特丹港一角

一艘船舶进港，每年定期驶往这里的班轮达1.25万航次，比世界第二大港日本横滨多出近一倍。它每年可运输标准集装箱多达130余万只，矿石码头每昼夜可卸下7万吨矿石，而担负卸货的仅仅只有几个工人。这么大的港口全部职工也仅有1.6万人，其工作效率非常高。

142. 集装箱是怎样发明的？

生活在港口城市里的朋友对集装箱是再熟悉不过了。只要你一走进集装箱码头，立即就会看到悬挂各国旗帜的船只进进出出，高高矗立的集装箱装卸桥张开有力的巨臂，昼夜不停地把五颜六色的集装箱吊起、放下，把一艘艘集装箱船迎来，又送走，呈现出一片繁忙的景象。那么，集装箱又是怎样发明的呢？

集装箱是在第一次世界大战期间,由一位美国人发明的。那时,战火纷飞,一批又一批军用物资往往要在硝烟弥漫的火线上装卸,为了及时躲避敌机的空袭,装卸速度一定要快。于是有人想出了一种办法,把散杂的军用物资一古脑装在铁箱里,这就是最原始的集装箱了。这个办法也真奏效,确实大大加快了装卸速度。自此以后,各国竞相仿效,并在制造工艺上不断加以改进,使集装箱更加美观实用。后来,国际标准化组织制定了国际统一的集装箱规格:一种是长12米、高2.5米、宽2.5米;另一种是长6米、高2.5米、宽2.5米。目前世界各国基本都采用了这两种标准。

143. 集装箱运输是什么时候开始的?

在19世纪50年代,随着国际贸易往来的发展,海上运输作为大容量洲际运输的唯一交通工具,显得越来越繁忙。海运货物量的增加,促使了大吨位轮船的诞生,然而大宗量的杂货运输仍然要靠人工来搬运,一艘万吨货轮一般花在装卸货物上的时间是它整个运输总时间的三分之一以上,缓慢的装卸速度严重影响了货物运输效率,也阻碍了轮船进一步大型化。能不能用海轮来装运集装箱以加快货物的装卸速度呢?1955年,美国海陆公司进行了这方面的试验。他们设计了一种用于集装箱吊装和吊卸的平台架,把集装箱搭载在油轮的甲板上,结果试验成功了,从此开始了海洋集装箱运输。接着又出现了专用的集装箱船,修建了集装箱港口码头。在之后的短短几十年内,集装箱运输得到了飞速发展。现代高速集装

海洋航运

箱能在3天～5天内横跨大西洋,而航空公司在大西洋提供的空运服务中,货物运送时间一般为4天～6天,因此现在船舶运输速度已经开始与航空运输相媲美了。

144. 世界上首先尝试发展集装箱运输的公司是哪一个?

集装箱是大小不等的铁、钢质的运输设备,也称"货柜",即专用于承载货物。从人们突发奇想的构思算起,不足半个世纪的历程,今天的集装箱运输已占去海上货物运输的半壁江山。世界上集装箱运输开始于美国,而美国泛大西洋船公司是世界上第一家尝试发展集装箱运输的公司。那是1956年4月,美国泛大西洋船公司首先将一艘不大的油轮作了改装,船舶甲板装备了一个平台,专用于放置集装箱,首次仅装载了16个集装箱。后来,它又改装了一艘油轮,投入到纽约—休斯敦国内航线。1957年10月,美国泛大西洋船公司改装出了世界上第一艘专用于集装箱运输的船舶。公司规模和效益也快速增加。开展集装箱运输后整4年,1960年4月,美国泛大西洋船公司就制定了庞大而宏伟的发展规划,为了名实一致,提高集装箱运输的综合水平,还将公司的名字改为海陆公司,寓意公司为客户提供海陆联运等综合运输服务。最早开展集装箱运输的海陆公司,现已发展成为世界上著名的大型集装箱班轮运输公司。当时,谁也不会想到集装箱会给国际运输和国际贸易带来如此大的影响。

145. 国际集装箱运输的最高目标是什么?

国际集装箱运输以其特有的快速、交货方便、安全等特点在运输领域独领风骚。以往的海上运输,船公司只

负责将货物从一个港口运送到另一个港口,托运和提货的贸易商只能在港口、码头托运或提取货物。肩负海上

繁忙的现代化集装箱码头

运输任务的船公司似乎显得轻松,而贸易商则无论如何难以轻松起来,其负担仍然沉重。集装箱船舶和集装箱运输方式悄然兴起后,传统海上运输轻重失衡的局面打破了。集装箱班轮公司适应贸易运输和进出口商的个性要求,改变了以往的只在港口码头托运或提取货物的旧做法,将运输设施和服务延伸到远离大海的内陆,甚至伸展到了进出口商的工厂和仓库。将进出口货物从出口商的仓库运送到进口商的仓库,实现门到门的服务,这是国际集装箱运输的独到之处,也是国际集装箱运输的最高目标。门到门服务的实现,极大地方便了进出口贸易的进行。

146. 世界重要的集装箱运输公司有哪些?

在国际航运市场上,集装箱运输已占据了贸易运输

海洋航运

的绝对优势。集装箱船队的规模和集装箱运输实力越来越成为衡量各国经济和运输水平的重要尺度。经过半个多世纪的快速发展,世界大型集装箱班轮运输公司逐渐形成,在激烈的市场竞争中,大型班轮公司相互兼并,联合的大潮也风起云涌,方兴未艾。世

东方海外航运公司所属集装箱船

界大型集装箱运输公司中代表性的主要有:丹麦马士基航运公司、我国台湾的长荣航运有限公司、我国的中国远洋运输集团公司、韩国韩进海运公司、美国总统轮船公司、英国铁行-渣华航运公司等数十家集装箱运输公司。这些大型集装箱运输公司的发展规模和趋势,都引领了国际集装箱运输的发展潮流,对国际贸易运输产生了重大的影响。

147. 为什么说集装箱运输是海洋运输的一场革命?

集装箱实际上就是用金属材料制成的有门的大箱子。这种按一定规格做成的箱子可以把大量的整件货物装在里面,改善了过去一件件、一包包的繁琐操作,而直接进行整个箱子的吊装或吊卸。这样不仅可以取消货物的外包装,把货物直接装入箱内,减少了包装费用,而且

集装箱不怕雨水淋湿,可以堆放在露天场地,不用仓库,降低了成本。另外,集装箱运输在途中不会发生货物倒箱装卸,减少了货物的破损,尤其是像玻璃等易碎品、精密仪器等,效果更为明显。同时,它还使很多贵重物品也能比较安全地运输。因此,有人称集装箱为"万宝箱"是一点也不过分的。集装箱船的兴起使货物装卸效率提高了5倍~20倍,大大缩短了运输周期,从而导致了海洋件杂货运输的一次革命。

148. 集装箱技术是如何把海、陆、空运输连为一体的?

集装箱技术是如何把海、陆、空运输连在一体的,只要看下面的例子,就会一清二楚了。一艘满载集装箱的中国货轮,从日本的神户港出发,经过朝鲜海峡和黄海,到达我国连云港,在连云港通过装卸机械将集装箱装上火车,沿陇海、兰新铁路西行,到达新疆的阿拉山口,与哈萨克斯坦的铁路相接,横穿欧洲大陆,直达荷兰鹿特丹港,然后再装船运往英国。这条连接欧亚大陆的运输通道,两头是海运,中间是陆运,大陆起到了"桥"的作用,而海洋是其中的重要一环,有了集装箱运输才使之成为现实。这种通过集装箱运输,实现铁路、水运、公路、航空等多种运输工具的联合运输,通常被称作"多式联运"。而这种多式联运,极大地方便了货主,也提高了运输效率。经济越是发展,人们将会更加充分地利用海洋这个最为廉价的运输通道。人类进步的许多高新技术也都会在海洋运输中得到充分应用。集装箱运输技术的兴起,才真正把海、陆、空运输有机地连为一体。

海洋航运

149. 集装箱船舶运输效率有多高？

集装箱船舶运输就是将大小不同的货物装在特制的具有规定尺度的长方体箱子里，然后装船运输，可以水陆联运。集装箱船不仅速度快，而且停靠码头装卸时间与同样吨位的杂货船相比，可以由六七天缩短到几个小时，因此效率大大提高了。早在1956年4月，美国纽约至休斯敦之间的美东海岸开辟了世界上第一条集装箱试验航线。短短几十年内，集装箱船的载重能力已从7700吨提高到现在的5万多吨，航速由十几节增加到现在的30多节。特大型船舶可装载10000多个集装箱。1个标准集装箱的尺寸为：20英尺×8.0英尺×8.0英尺，约折合6.058米×2.438米×2.438米。现代高速集装箱船舶能在3天～5天内横跨大西洋，而航空公司在大西洋提供的空运服务中货物运送时间一般还要4天～6天。因此，现代化的船舶运输速度已经开始与航空运输相媲美了。

150. 世界上集装箱集散最多的港口有哪些？

大型集装箱船除了能节省燃料，降低成本外，还可增加船的稳定性，因此集装箱船未来的发展方向是更多地发展超大型集装箱船。大型集装箱船大多从事定航线、定时间的班轮运输，最长的航线是环球航行，航行一周大约需80天。世界上现有15条国际航线，有150多个港口进行集装箱船装卸业务。集装箱集散最多的港口有荷兰的鹿特丹、我国香港、新加坡、我国台湾的高雄等。1996年，香港港口的集装箱装箱业务就达1330万标准箱，连续5年保持世界第一。我国的上海、青岛、深圳、大连等港口也已建成了处理能力很强的集装箱码头。

151. 集装箱上为什么也装备GPS?

GPS是全球卫星定位系统的简称。它是国际上一种先进的交通工具定位系统,目前已被广泛应用于远洋运输的船舶、长途运输的汽车上了。它的定位、反馈和沟通功能很强,能保持交通工具与控制中心的及时、快速联系,使控制中心及时制定新的、更经济合理的运输方案,达到减少浪费,提高效益的目的。远洋船舶航行于世界各地,随时都会发生重大变化,也正是依靠GPS及时、准确地保持了船公司与船舶的高效联系,才判断出船舶的准确位置。

那么,为什么要在集装箱上装备GPS呢?原来,集装箱和远洋船舶一样,也是移动于大海和陆地之间,它运输移动的时间和准确地点都难以确定。以往,GPS还没有应用于集装箱运输和调集时,集装箱的管理、调集都十分缓慢,常常是一个港口的集装箱严重积压,而另一个港口则货物拥挤,没有集装箱可供调用,许多班轮公司为此叫苦不迭。随着GPS应用于集装箱运输中,只要一个集装箱中装配了GPS设备,集装箱船公司的管理部门就能极其快速地掌握集装箱的动向和位置,进而做出及时的调用方案。有人形象地将GPS称为集装箱上的"千里眼"。国际著名的集装箱班轮公司——马士基航运有限公司已率先在该公司拥有的集装箱上装配了这种"千里眼",使马士基航运公司如虎添翼,实力大增。

152. 为什么说苏伊士运河是欧、亚、非洲的交通枢纽？

闻名世界的苏伊士运河位于埃及境内,是连结地中海和红海的一条运河。运河全长161千米,连同伸入地中海和红海的河段总长为173千米,运河宽365米,可通行满载15万载重吨油船和24万吨级空船。自从这条运河开通以后,大大缩短了从欧洲通往印度洋及太平洋西岸各国的航程,避免了船舶绕过非洲大陆南端的好望角,成为亚、非、欧三大洲水路交通的捷径。如:由英国伦敦到科威特,经过苏伊士运河要比绕道非洲南端的好望角,缩短航程达8800多千米。

153. 为什么说巴拿马运河是世界第二大运河？

巴拿马运河位于巴拿马共和国中部的蜂腰地区,它的建成沟通了太平洋和大西洋,是一条有重要战略意义的国际航道。1881年,巴拿马运河由法国一家公司正式动工开凿。到了1888年工程完成了三分之一。1904年,美国又承包了后续的运河工程,到了1914年才完工。但是,由于塌方等原因,直到1920年才正式通航。运河开

通之后，使两洋之间的航程大大缩短。例如，从美国的纽约到日本的横滨，经巴拿马运河要比绕道麦哲伦海峡，航程缩短达 5300 多千米。巴拿马每年有近两万多艘船舶通过，在世界上沟通海洋的大运河中，其地位仅次于苏伊士运河，是世界第二大运河。

154. 美国为什么要承接巴拿马运河建造工程？

巴拿马运河是世界第二大运河，在航运业中占据非常重要的地位。它的历史可以追溯到 1880 年。法国人受到开凿苏伊士运河的成功的鼓舞，为完成他们的环球航线，来到巴拿马动工兴建运河。由于法国人的计划是将运河从太平洋海平面挖到大西洋的海平面，工程极其繁重浩大。加上当时的医学水平无法对付凶猛的热带疾病而导致数千生命的丧生，同时法国的财力也无法承受工程的巨大投资，他们在历时 10 年并完成三分之一工程后，于 1889 年退出了巴拿马。1901 年，在法国人退出 12 年后，美国罗斯福总统上台。他认为，为了建立海上霸权，美国海军需要连接两大洋的运河。为了达到这一目的，当时美国出兵保护巴拿马从哥伦比亚独立出来，又用钱买下了运河的开凿权。依靠在本土建造铁路、桥梁及高层建筑的技术能力，美国人从 1903 年起开始开凿运河。终于在 1914 年 8 月 15 日，第一艘船通过了巴拿马运河。至此，运河工程花费了美国 3.05 亿美元，美法合计总投入约为 6.04 亿美元。

155. 为什么称绕道好望角的航线为"鬼门关"？

有航海经验的海员都知道好望角的暴风特别多。无论在哪个季节、哪个月份,只要船舶绕好望角航行,总会遇到强劲的西风和狂浪。这是因为绕好望角的航道,接近南纬40度,正好处于副热带高压带和副极地低压带之间。从副热带高压带流向副极地低压带的空气,在地球自转时产生的偏转力作用下,变成了西北风。正由于这一带的气流偏转较大,产生的风多接近西风,因此人们称它为"盛行风带",而且由于南半球的陆地面积只占南半球总面积的19%,所以这个地带的盛行西风常常可达到暴力级的风力。因这里风向较稳定,使海面上经常会产生强有力的狂浪。据统计,这个地带一年中大约110天有狂浪,浪高达6米以上。特别是好望角地带,这里所出现的强劲西风及伴生的狂浪就更加凶猛了,因此有很多海员把绕道好望角的航线,比作"鬼门关"。

156. 麦哲伦环球航行走的是什么路线?

麦哲伦是世界上第一个完成环球航行的伟大的航海家。他带领船队都到过哪些地方呢?他们由西班牙的塞维尔港出发向西航行,经过加那利群岛、佛得角群岛,到达南美洲的累西腓;又沿南美洲东海岸南行,经过巴西的里约热内卢至南美洲南端,穿过麦哲伦海峡(因麦哲伦经过而定名),向西北方向航行横渡太平洋,至马利亚纳群岛;再继续西行到达菲律宾群岛,穿过马六甲海峡,越过

麦哲伦像

印度洋至非洲第一大岛马达加斯加岛附近;然后再向西南方航行,绕过非洲南端的好望角,沿非洲西海岸北上,到亚速尔群岛,最后回到西班牙的塞维尔港。他的环球航行历时三年多时间,共航行了3.3万多海里。当时,由于还没有巴拿马运河和苏伊士运河,需绕行南美洲及非洲南端,显然航程是比较长的。

157. 现在环球一周要航行多少海里?

麦哲伦时期环球航行一周是3.3万多海里,那么今天环球航行一周有多少海里呢?如果现在我们是由上海出发作环球航行,可以向东航行,穿越太平洋,改向中美的巴拿马运河。过巴拿马运河后,横渡大西洋,驶向直布罗陀海峡,穿过地中海,经过苏伊士运河,驶过红海,到阿拉伯半岛西南端亚丁湾;然后向东转向,越过印度洋,驶向马六甲海峡,经过新加坡,绕过东南亚半岛;再继续经过菲律宾群岛,穿过南沙群岛、台湾海峡,驶回上海,整个航程约2.5万多海里,要比麦哲伦的航程少8000多海里。

158. 海损事故星期五最多吗?

一个星期有7天,可是有很多国家却单独对星期五存有偏见,认为星期五不吉利,这主要是因为这一天里发生的事故最多,称之为黑色的星期五。星期五果真是海损事故最多吗?回答是肯定的。其次才是星期三、星期四。海损事故最少的是星期日,其次是星期一和星期六。而星期五发生的海损事故件数是星期日的1.5倍。那么,为什么星期五的海损事故最多呢?与国外对星期五的偏见是偶然的巧合?还是事故本身存在规律?这个问题至今还是一个谜,有待有关方面的专家去进一步研究。

159. 轮船向西、北、东、南方向各航行 100 海里能回到原地吗?

如果轮船向西、北、东、南四个方向各航行 100 海里,能不能正好又回到原地呢?也许有人会说:"这还不简单吗,肯定会回到原地的。"其实,事情可没有这么简单。大家知道:地球是椭圆形的,有南极、北极。为了弄清地理位置,地球仪上还标有子午线、赤道线、经度、纬度。这就使我们知道,从任何地点朝北或朝南航行,就是沿经度航行,只变纬度,不变经度。同样的道理,朝东或朝西航行,只变经度,不变纬度。东、西、南、北就是以此来确定的。要是在平面的白纸上画图,那向东、南、西、北各画 100 海里的距离肯定围成一个正方形。可是,实际上轮船是在地球面上航行的,四个方向 100 海里的长度是固定不变的,而经度线的间隔在球面上的距离是不同的。在赤道处

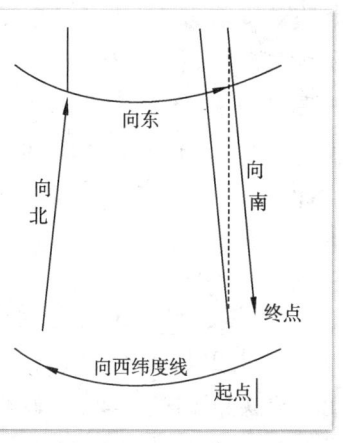

球面体上的航向图

最宽,越向两极越窄。如果船是在北半球上,先向西航行 100 海里,即沿纬度较低的一线航行;再向北航行 100 海里,即沿经度线向北航行;再向东航行 100 海里,即在纬度比向西时较高的一线航行;再向南航行 100 海里,这时

船已在另一经度线上航行了,实际上是无法再与原来的出发地重合的。只有船在半途中改变"方向"才能回到原来的出发地。

160. 你知道我国五分纸币上的船舶背后的故事吗?

如果你留意或收集到 1953 年版的五分钱人民币,就会发现它上面绘着一艘轮船,这就是著名的"海辽"轮。"海辽"轮能被绘制到人民币上,与它背后一段特殊而光荣的历史故事密不可分。

新中国成立前的 1949 年 9 月,当时由国民党招商局管辖的"海辽"轮,正驶往汕头,去接运国民党军增援舟山部队。就在此时,打入"海辽"轮的共产党地下工作者正积极酝酿发动起义。在党组织推动下,历经艰难险阻,船长果断宣布"海辽"轮起义,最终脱离了国民党反动统治,胜利到达解放区大连港,回到了祖国的怀抱。这艘具有"奔向新中国"特殊意义的"海辽"轮图案被绘制在人民币上。

161. 新中国第一位远洋运输船长是谁?

新中国成立后,国内各行各业均面临着百废待兴。积极发展我国远洋航运事业,抓紧培养新中国自己的远洋船长迫在眉睫,陈宏泽就是新中国培养的第一位远洋船长。他 1921 年 1 月出生在广东省中山县的一个华侨家庭,毕业于广东省海事专科学校,曾参加广东滨海区的抗日斗争,新中国成立前曾在上海招商局的船舶上工作。1950 年 1 月,他参加了香港招商局共 13 艘船的起义。1961 年,陈宏泽担任了新中国第一艘悬挂五星红旗的船舶——"光华"轮的第一任船长,并首航印尼,担当了接运侨胞的重要任务。陈宏泽船长是一位经验十分丰富的航海家,为新中国的远洋运输事业的建立、发展、壮大,作出了重要贡献。

162. 虞洽卿是如何成为中国近代航运巨头的？

提到虞洽卿,许多了解中国近现代历史的人都会知道,他是与黄金荣、杜月笙等齐名的帮会首领,当时威震沪上和东南沿海,声名显赫。但虞洽卿还有发展实业而鲜为人知的另一面。

虞洽卿是浙江镇海人,1867年出生。早年到上海做学徒,后来逐步升买办。腰缠万贯的虞洽卿,在上海等地大量购置房产、地产,并开设地产公司,跻身于绅商之列。1913年,虞洽卿在余姚三北投资筑海堤,建码头,创立三北轮埠公司,开设南北洋航线。1921年,三北航运集团已拥有18条轮船,成为当时我国规模最大的私人资本航运集团,虞洽卿也因此成为上海航运的巨头。

163. 为什么将每年的7月11日定为中国的"航海日"？

我们的祖先自远古时候起就不畏艰险,勇敢地开始了航海活动,探索海上贸易之路。到600多年以前的明朝中期,郑和进行了七下西洋活动,足迹远播东南亚、中东和非洲等地,航海技术和实力达到鼎盛。为纪念郑和下西洋的航海活动,弘扬中华民族的航海精神,积极发展我国的航运事业,经国务院批准,将郑和首次下西洋的启锚日——7月11日定为"中国海事日",并自2005年起,每年的7月11日为中国航海日,在中国举行纪念活动。

斗转星移,我国今日的航海能力已今非昔比,现拥有运输船舶21万艘,载重量达8600多万吨,居世界第四位;形成了以国有骨干航运企业为主力的运输船队,远洋船队航迹遍及世界各地;我国港口货物吞吐量、集装箱吞吐量均位居世界第一;海员队伍的规模也位居世界前列。

海洋航运

惊涛铸造奇闻

164. 古代船舶上为什么有"眼睛"?

早期的航海者把船舶看成一种生物,他们赋予船舶和他们身躯内有着同样生命力的"灵魂"。为了使人们相信船舶"灵魂"的存在,航海者要在船头画上"眼睛"。有

长了"眼睛"的古代渔船

时也作为代表主宰海洋诸神的一种符号,表示它指引船舶和海员平安驰越大海,顺利返航。传说中船头的"眼睛"还具有保护船舶安全的神奇效力。它能够"看见"和"警戒"前方将要出现的所有危险和灾难。如今,这种画"眼睛"的风俗仍然可在地中海西西里岛、塞浦路斯、葡萄牙、西班牙和希腊一些岛屿的小船上见到,但现在已摆脱了迷信成分,仅仅是一种装饰,为的是取悦船主,美化小船,而不是庇护船舶和船员躲避灾难了。

165. 你见过用植物纤维编织的海图吗?

通常的海图都是用纸制作的,然而早先的密克罗尼西亚人却是用植物纤维编织海图。密克罗尼西亚群岛位于太平洋上,这个岛上居民的祖先都是航海家。他们有一种非常特殊的航海工具——用植物纤维编织的航海图,这在航海史上是史无前例的。这种航海图是用晒干的植物纤维编织而成的,上面布满复杂的小方格,在每个

方格里的不同位置上,镶嵌着海生物的贝壳。原来,格与格的交叉点表示经常会出现的海流和风向,方格中的贝壳则是珊瑚礁和环形岛的标记。

在当时,这种航海图被视为"绝密文件",只有极少数人能看懂图上的各种记号。更有趣的是,为了防止航海图丢失,密克罗尼西亚人还从不带图出海。他们都是乘坐轻便的独木舟去征服广阔的海洋。在海上航行时,他们竟能根据海流准确地预测天气,确定航向。

166. 你相信船舶能识路吗?

如果说没有眼睛的船舶能够识路,人们肯定会觉得奇怪,然而真的曾有一条船舶能在无人驾驶的情况下自己漂回老家。1849年,在百慕大群岛用杉木建造的"米内鲁巴"号上就发生了这样的奇迹。它是从艾里斯港朝非洲方向作处女航行的,但从此之后却一直没有了该船的任何消息。直到1851年的一天早晨,艾里斯港上的居民竟意外地发现失踪多年的"米内鲁巴"号在港口的海滩上搁浅了。当地居民立即乘小船前往探查,结果他们发现"米内鲁巴"号原来是一条弃船,船上的航海日志最后记载的日期竟是在14个月以前写的。这样一条无人驾驶的船怎么会自寻原路漂回老家,实在是令人难以理解的事情。

167. 你知道"敲竹杠"的由来吗?

在商业活动中,人们习惯把经商者哄抬物价、弄虚作假、敲诈勒索的坑骗行为,称之为"敲竹杠"。然而这"敲竹杠"的由来还与航海有关呢。在清代道光年间,南方沿海地区鸦片走私横行,广大百姓深受其害,钦差大臣林则徐在广州采取了严厉的整治惩罚措施,沉重地打击了不法烟贩,扼制了鸦片对国人的毒害。但是,仍有极少数利欲熏心的亡命之徒,违反禁令,偷偷将鸦片隐藏在船舷之内,妄图蒙混过关,以牟取暴利。一次,一个奉命执行公务的关卡检查官登上船,当他盘问船主时,顺手在船舷上磕了磕。他忽然感到用竹杠作的船舷声音沉闷,随即他又磕了磕,看到船主惊恐万状,料到竹杠中可能夹带禁品。他刚要发作,船主慌忙把检查官唤到一旁,掏出一捧白银,央求检查官高抬贵手。检查官见钱眼开,就不再追查了。自此以后,这个检查官从这场意外收获中找到了生财之道。每逢他上船检查时,都会随手拿着一根木棒,不分青红皂白,滥敲一通,边敲边吓唬。而那些做贼心虚的船主们也逐渐摸清了官大人的底细,马上把预备好的红包呈上就完事大吉了。

时间一长,这事被林则徐知道了,他立即派人暗中打探,果然发现这小子的劣迹。林则徐给这个贪赃枉法、假公济私、受贿舞弊的检查官予以严惩,并公告黎民百姓,共同声讨其罪恶。一时间这小污吏"敲竹杠"的事便传得家喻户晓。后来,"敲竹杠"这个名词流传下来。"敲竹杠"是指那些诈人钱财的不法之徒。

168. 为什么古代的远航船员易患坏血病?

16世纪在欧洲兴起了海洋探险的热潮,涌现了像哥伦布、麦哲伦等一大批优秀的航海家,在世界航海史上留下了光辉的篇章。但在他们进行海洋探险的过程中,一

海洋航运

个十分苦恼的问题始终令他们无法摆脱,那就是袭击远航者的可怕的瘟疫——坏血病。为什么大量的船员会死于坏血病呢?直到18世纪,英国航海家库克才将问题解决了。库克在航海过程中,不断调查,发现得坏血病的人,多数是船员和水手,而高级船员却很少。这是什么原因呢?库克想来想去,觉得其他条件都相同,只有一样不同,那就是高级海员吃的伙食要比其他船员和水手好,他们能吃上昂贵的泡菜和果酱,而水手和一般船员只能天天吃粗饼干和臭咸肉。问题的关键会不会就在这儿呢?他决定要做一次尝试,在第二次远航时他多带了一些泡菜和柑橘等水果,强迫船员吃,并且一有条件,他就坚持到岸上千方百计补充新鲜蔬菜和水果。他的试验终于成功了,第一次创造了远航不得坏血病没有死一个人的世界记录。

远航船员急需蔬菜和水果

到了20世纪,远航时坏血病的谜就被彻底揭开了,实际上只要服用维生素C就可预防坏血病发生。尽管如此，人们也不会忘记库克船长的伟大贡献，因为没有他的发现，在随后的几百年里不知道还会有多少人会被坏血病夺去生命呢。

169. 腓尼基人是怎样完成环航非洲的？

在人类文明发展的历史长河中，古代腓尼基人首次完成环航非洲是彪炳史册的壮举。早在3000多年前，地中海东岸有一个小国叫迦南，迦南的国民们善于造船和航海贸易，他们衣着和用具全是紫红色的，古希腊人就称他们"腓尼基"——紫红之国的意思。公元前7世纪末，腓尼基人处在埃及的统治之下。埃及法老为实现统治非洲的野心，下令召集数名腓尼基船员和水手，要他们绕非洲航行一周。腓尼基人赶制了三艘双层桨、船头尖的大船，船上装满了食品、淡水和交换的商品。他们按命令沿尼罗河的支流下行，过运河，进入阿拉伯海湾。在这期间他们经历了无数凶险，但腓尼基人依靠顽强的斗志和娴熟的航海技术，一次次脱离险境。当他们越过赤道时，首次发现了可以运用太阳光角度来定位。当航行到达非洲西海岸时，腓尼基人船上的所有食品等均消耗光了，只好上岸捕猎，垦荒养殖，继续航行前进。

腓尼基人共历时3年多的时间，航行约2万海里，最终回到了埃及，完成了世界航海史上环航非洲的伟大壮举。

170. 你知道"好望角"名字的由来吗？

位于非洲大陆最南端的"好望角"是印度洋和大西洋

海洋航运

的分界线,自古以来就具有重要的战略地位。但"好望角"名字起源于 15 世纪葡萄牙人的东方探险活动。在 14—15 世纪,欧洲的葡萄牙等国家非常向往遥远的东方,认为东方的印度等地是黄金、宝石和香料充盈的国度,他们梦寐以求通过海上探险开辟一条通往东方的海上之路。1487 年 8 月,迪亚士奉葡萄牙国王的旨意,率领 3 艘特大帆船从葡萄牙出发,他们沿非洲大陆西岸航行,其间遭遇了无数海上风险,其中非洲大陆最南端附近海域风暴最多,也最凶猛。迪亚士和探险的勇士们迫不得已在

好望角远眺

此登上了大陆,以躲避风暴,迪亚士于是给这个尖角地方,起名叫"风暴角"。后来,葡萄牙国王为祈求东方探宝计划的顺利实现,就将"风暴角"改成了"好望角","好望角"之名一直沿用至今。迪亚士远航探险活动首次开辟了从欧洲绕过非洲大陆南端最终到达东方的新航线。这个"好望角"也确实为日后的葡萄牙带来了滚滚财富,但

开辟探险之路的先驱迪亚士却被"好望角"的汹涌狂涛吞噬了。

171. "海上马车夫"是指哪个国家?

欧洲中世纪末期,社会生产力发展很快,沿海的主要国家便很快发展强大起来,它们谋求海外扩张,扩大自己的势力范围。在16世纪前,葡萄牙和西班牙是世界海洋和航海探险贸易的霸主,进入16世纪后,欧洲小国荷兰也逐渐强大起来,它在葡萄牙和西班牙航海探险成果的基础上,大规模地扩展自己的船队,到处招募船员和水手。他们在远航到达印度后,在本地开垦土地,成立了专门的贸易公司,垄断了通往东方航线上的宝石和香料等贸易,以后又进一步扩展到美洲大陆,建立殖民地,大肆掠夺美洲的财富。庞大的荷兰的船队船舶数量达1.5万艘,运输量占世界的80%之多,荷兰船队在海上航行就如同马车在马路上奔跑一样,任意、自由地往返穿梭,当时世界各国都戏称荷兰为"海上马车夫"。

172. 世界上漂流时间最长的船舶是哪一艘?

1860年9月22日,一艘英国捕鲸帆船"希望"号在船长布兰顿的指挥下,在杜雷克海峡南方的南极海域捕鲸作业。"希望"号发现前面的冰山突然裂成两半,里面竟然出现了一条怪船。这条船已被封冻了很久,帆布全部破碎,船身破烂不堪,显然是一条很古老的船。布兰顿船长登上这条船一看,不禁大吃一惊。已经死去的船长手里还握着笔,端坐在椅子上,尸体完好无损,桌子上的航海日志仍翻开在原来的位置。从航海日志上得知这是37

年前出航后一去不返的"杰尼"号帆船。原来"杰尼"号是于1823年1月17日在开往秘鲁的利马途中遇到流冰被困的,从此就开始了历时37年的死亡漂流。在航海日志的最后一页上,船长还写道:"1823年5月4日……已勉强挣扎达71天,但粮食已尽,我是最后一个生存者……"所以说,"杰尼"号帆船是世界上漂流时间最长的船。

173. 一条鱼是怎样救了全船人的性命的?

1874年,一艘英国帆船"克鲁西达"号从比斯开湾出发,载着214名移民开往纽芬兰,不幸的事情很快就发生了。开航后的第五天,船就开始漏水,船员们赶紧用抽水机拼命抽排海水,但是漏水情形反而渐趋严重。在人们获救的机会十分渺茫的情况下,船长立刻下令弃船,将乘客全部送上了救生艇,并在甲板上召集全体船员准备撤离。就在此时,操作抽水机的船员突然发现漏水口自动封闭了,于是大家又集中全力排出漏水。不久该船就脱离了险境,平安抵达了目的港。到达目的港以后,在船长检查漏水口时,结果发现是一条大鱼的尾巴紧紧地塞住了船底的漏水口,从而避免了大船沉没的厄运。至于这条鱼的尾巴怎么就正好塞住了漏洞就不得而知了。从此得救的船员和乘客联合组成了"克鲁西达"号纪念会,定期集合来纪念该船获救的奇迹。

174. 第一个死于艾滋病的船员是谁?

1959年,英国曼彻斯特一名25岁的水手,患上一种奇怪的病:身躯发热,持续不退,体重锐减,皮肤疼痛难忍,同时还有严重的肺部感染。不久,这位不出名的年轻水手就病死了。负责给他治疗疾病的医生斯特莱顿,对水手的尸体进行了认真的解剖。结果发现:水手是因为肺部受肺囊虫和巨细胞病毒的双重感染,被夺走性命的。随后,斯特莱顿医生取出水手的肾脏、骨髓,并把它封存起来,将这个水手奇怪的病情与尸检结果,发表在英国著名的医学杂志《柳叶刀》上。事隔22年后的1981年,美国首次报道了艾滋病,而且一股"恐艾"的思潮掀起轩然大波,仅两年时间,在世界上已广为人知,"谈艾色变"了。当年曾给英国水手治过怪病的斯特莱顿医生,突然有所醒悟,是不是艾滋病早就找上门来了……越想心里越紧张。

于是,他将封存的水手的肾脏、骨髓取出来,重新作了认真的检查。果真不出所料,水手就是死于艾滋病。按时间推算,这就是至今世界上第一个被确认为因艾滋病而死亡的水手,也是世界上第一个被艾滋病"死神之吻"所害的牺牲者。根据现在的医学判断,当时作为一名英国职业水手,往来于世界各地大小海港,其间有一些人有寻花问柳的陋习,通过性接触染上艾滋病是意料之中的事。可斯特莱顿医生却把这项医学发现向前推进了20多年。

175. 世界上第一个信箱是怎样产生的?

邮递员、邮局、信箱……人们对此是再熟悉不过了。但谁能把这些与航海相联系到一起呢?其实,世界上第一个信箱就是在航海中产生的。1488年,首先发现好望角的葡萄牙航海家季阿施·博尔达在一次南非沿海航行时，遇到了风暴，许多水手遇难身亡。除船长博尔达与他率领的那条船安全脱险外，其他船只全部葬身于海底。当风暴平息后，遭受了生死挫折的水手们又登上了归途。开航前，一名水手详细地记录了他们遇到的这场灾难的始末。然后，他把写好的信放在一只鞋里，把鞋挂在离岸边不远的一棵树上。这样，即使他们再次遇难，人们也会了解到他们这段航海经历。过了将近一年的时间，一艘开往印度的船"扎奥杰诺瓦"号恰巧也在这个海岸边停留。"扎奥杰诺瓦"号上的船员在这只特殊的"信箱"里发现了那封信。读完信后，他们便动手在自己同行失事的地点修建了一座小教堂。不久，教堂的周围却形成了一个小村落。人们还把葡萄牙水手的那只鞋作为信箱使用了很长时间。至今，那棵挂鞋的树还仍旧存活在岸边。为了纪念这世界上第一个"信箱"，人们还做了一只鞋状的信箱永久地挂在树上。

176. 鲸鱼拉船的梦想能实现吗？

狗拉雪橇、马拉车早已不足为奇，训练警猪、警鼠也已初战告捷。想不到的是，眼下欧洲一些航海爱好者们竟提出了这样一个大胆出奇的设想：用鲸鱼拉船。其实，鲸鱼拉船早在100多年前已有先例。1877年，在海上作业的英国捕鲸船"乌伊利亚姆斯"号的探照灯射向夜空，在波浪间探索。突然见到一猎物，船员们立即将连着缆绳的铁锚抛出，铁锚深深扎入鲸身。虽说这条猎物算不上鲸中之王，竟也拖着船游了30多海里，才精疲力竭，成为船员们的阶下囚。事后，有心的船员，根据这条鲸的力气和船的吨位计算出,如果用这条鲸拉该船,那么,该船从纽约横渡大西洋到达欧洲,大约只需3昼夜的时间。在当今地球上,鲸是无与伦比的动物之王,大的体长可达30多米,重达100多吨,大约相当于30头大象的重量。100多吨的鲸的体力相当于1700马力,几乎等于20辆解放牌卡车的总动力呢。可见,一条或数条并驾齐驱的鲸是有力量拉动浮于水面上一定吨位的船只的,甚至是万吨巨轮。当然,要让鲸拉船,就得使它膘肥体壮,具有足够的力量,就必须舍得花本钱,给以饲养投资,满足庞然大物的需要。但对鲸鱼饲料的投资肯定远远小于船舶燃料的投资。不过,鲸巨大、凶猛,驯服它并非易事。但是,目前西欧航海爱好者们还是着手挑选合适的鲸,继续寻找驾驭鲸中将遇到的一系列问题的解决办法。

177. 格陵兰岛的含义是什么?

翻开海图,人们会奇怪地发现,世界各国的地名都各有其独特的含义。有的与当地的自然地理有关,有的与当地的风土人情相连,还有的与航海趣事有关。

世界第一大岛格陵兰的名字,意为"绿色的土地",富有浪漫色彩。格陵兰岛面积为217.56万平方千米,差不多等于西欧国家面积的总和,被称作"格陵兰次大陆"。该岛有五分之四的地区处于北极圈内,气候严寒,冰雪覆盖面积约占全岛总面积的84%,冰体平均厚度为2300米。登上该岛,人们能见到的只是万里冰原雪满天。这样一个冰雪大陆,为什么却叫作"绿色的土地"呢?原来这个名字和格陵兰岛的发现有关。

海洋航运

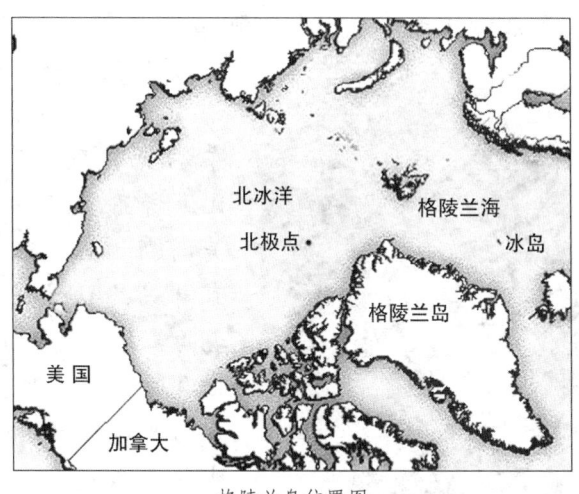

格陵兰岛位置图

公元982年,挪威海盗埃里克由于犯了杀人罪而被剥夺了人权,为了躲避追捕,他就从挪威逃到了冰岛。但他在冰岛也恶习不改,又被当局驱逐出境。他只好带领几个人从冰岛向西航行,来到了格陵兰。但这个贫瘠的冰雪大地却令他大失所望。经过长久的探索,他才在格陵兰西南岸发现了一块长着绿草的草地,草地方圆还不过1000米。他想,如果给这个寒冷荒漠的地方起个美丽的名字,那就会有很多人到此来定居了。于是,他就把该地叫作"格陵兰"。回到欧洲后,他开始大肆宣扬他所发现的这个"绿色的土地"果然吸引了不少人前往。于是,"格陵兰"的称呼便流传于世了。

178. 西印度群岛之名是怎样来的?

西印度群岛的得名纯粹是古代航海家错误观念的产物。那是1492年,西班牙国王派哥伦布率领3艘船只,去寻找一条通往中国和印度的新航路，以掠夺东方的资源，开辟新的海外市场。结果，哥伦布没有到达东方，而是到达了加勒比海诸岛，从而发现了美洲新大陆。但哥伦布却始终认为他所发现的土地就是印度，还把海地当成了日本，把古巴当作中国，并把当地的居民叫作印第安人。1498年，葡萄牙航海家达·伽马率领船队绕过好望角，开辟了通往印度的航路，从而

哥伦布

证明哥伦布所"发现"的土地不是印度。西班牙人为了把哥伦布所发现的岛屿与葡萄牙人发现的东印度群岛加以区别，便把它叫作"西印度群岛"了。尽管这里并非印度，但由于上述历史原因，"西印度群岛"这一错误名称还是沿用下来，并得到了世界上的承认。

179. 为什么阿根廷不产白银却将国名寓意为"白银"？

南美洲国家阿根廷的名称在拉丁文中就是"白银"的意思。实际上，阿根廷根本不产白银，为什么没有白银的国家却偏偏又叫作"白银之国"呢？1516年，西班牙探险家胡安·迪亚斯·索利斯率领船队沿巴西海岸南下，去

寻找通往南海(即太平洋)的通道。当他们航行到拉普拉塔河口时,以为这是个海湾,但"海水"却没有咸味,便把这里叫作"淡水海"。他们又继续向前航行,来到一个小岛上。不幸的是索利斯在这里被印第安人打死,探险队也几乎全军覆没。11年后,索利斯的儿子加沃特率领一批殖民者又来到这里。他看到当地印第安人的身上佩戴着银光闪闪的白银饰物,欣喜若狂,以为这里盛产白银,便把"淡水海"改称作"拉普拉塔河",意思是"白银河"。实际上,这些印第安人的银饰物并非当地所产,而是来自玻利维亚的安第斯山。阿根廷16世纪时沦为西班牙的殖民地。1816年获得独立,起初叫"拉普拉培联合省",后来就以拉丁文"白银"命名了,音译过来就是"阿根廷"了。

180. 用石头能造船吗?

用石头可以造船吗?这似乎是不可思议的事情,因为石头不可能像钢铁那样锻造,又不能像木头那样可以浮在水上,但在西部非洲却出现了另一种情况。

位于西部非洲的尼日尔河,是非洲4条主要河流之一。河上轮船往来,运输繁忙。其中有一种既不用钢材也不用木料制造的船舶,已成了水上的主要交通工具,它竟是用一种石头制成的。原来,在尼日尔河沿岸出产一种名叫"洞石"的名石,这种石头的内部有70%以上是大小不等的空洞,空洞之间由薄薄的石壁相隔,互不通气,就好像凝固之后的泡沫石一样。因此,用它制成的船只,不但不会下沉,反而会产生巨大的浮力。用这种成本低廉的石船进行水上运输和渔业生产,既安全又实用,石头船在这里真成了现实。

181. 欧洲人为什么把饼干称为"比斯开"?

在饮食方面，许多食品的制作和饮食习惯的形成都源于航海。饼干是一种大众化的食品，它的发明者就是海员。据说，在欧洲的比斯开湾风大浪险，早年常有船舶触礁沉没的事情发生，这时的船员只得登荒岛待救了。有一次，一批海难者在登上荒岛后很长时间没有得到救援，实在饿急了，他们便设法从沉船上找回已被海水浸过的面粉烤着吃，在饥不择食时，竟觉得香味异常。从那以后，几经演化就变成了今日流行的饼干了，至今，欧洲人仍将饼干称为"比斯开"。

182. "啤酒焖牛肉"这道名菜是怎样产生的?

在英国人的餐桌上总少不了"啤酒焖牛肉"这道名菜。其实，它的发明者不是别人，而是海员。事情是这样的，在18世纪的英国轮船上经常发生淡水不足的现象，有一次，有一位厨师在情急之下就尝试用啤酒代替淡水来烧煮牛肉，结果一试成功，用啤酒焖的牛肉阵阵飘香，汁鲜肉嫩，海员们食后赞不绝口。于是，这道"啤酒焖牛肉"就变成了英国人餐桌上的名菜了。

183. 当今世界最大的船舶在哪里?

在各种各样的船舶中，载重量最大的就数油轮了。可你知道当今世界上最大的油轮有多大吗？1976年，法国圣纳泽尔建造了当今世界最大的船舶——"巴替累斯"油轮。该轮载重54.24万吨，全长400米，型宽63米，吃

海上庞然大物——油轮示意图

水 28.5 米,航速 17 节,投产后加入美国的壳牌公司船队。"巴替累斯"油轮和它的姊妹船"贝拉梅亚"油轮才是目前世界上最大的船舶。

184. 历史上遇难的最大海轮是哪一艘?

世界船舶中油轮的载重量最大,而在海上遇难的最大海轮也是油轮。事情发生在 1978 年 3 月,美国的"阿莫戈·卡迪兹"号巨型油轮,满载着 22 万吨伊朗—沙特阿拉伯原油,从伊朗的波斯湾向荷兰的鹿特丹港驶去,不幸在大西洋法国西北部的布雷斯特海区触礁失事,船身破碎,原油全部外溢。这是有史以来遇难的最大海轮。船上所载原油差不多全部倾泻入海,造成有史以来最大的海洋石油污染事故,使得大批海洋生物死亡。在"阿莫戈·卡迪兹"号油轮遇难后,尽管法国急忙在深水区用最新的科学方法收集溢油,大约有 7 万吨溢油被收到岸上,仅占该轮全部溢油的三分之一左右,其余 15 万吨原油都变成了海上的污染物了。

185. 航海史上最不吉利的船舶是哪一艘?

航海史上最不吉利的轮船,大概要数美国1953年下水的一艘名叫"阿尔果商人"号的干货船了。一次,它从日本驶返美国,在短短的数千里航程中,竟然费了8个月的时间,而一路上也是险情迭起:最先是迎头与一艘油轮相撞,随后三番起火燃烧,结果5次进入沿途港口维修。1958年,该轮饱经了船员的骚乱忧患,1969年则一度在婆罗洲海域惨遭灭顶之灾。随后,虽然被打捞成功,却又连续在库拉绍的船坞中修理了整整5年之久。更不幸的是在修复后的首次航行中,偏偏又在意大利的西西里岛附近触礁,被迫由其他船只长途跋涉拖回了纽约。第二年,"阿尔果商人"号的锅炉又一连发生了6次爆炸事故,外加一次操纵系统失灵。因此,该轮到处遭到白眼,竟屈辱地被禁止通过巴拿马运河和驶入波士顿、费城等港口。最后,一直挨到1976年,这艘多灾多难的轮船,终于在北美洲考德角半岛附近的海域彻底沉没了。它在度过了多灾多难的23年历程后,竟落得个"死不见尸"的悲惨结局。

186. 声波为什么能成为神秘的海难杀手?

1890年,一艘满载冻羊肉和毛绒的帆船"马尔波洛"号从新西兰驶往英国,奇怪的是这艘船却始终未到达目的港,因而后来被作为沉船而除名了。可是在20多年后,人们却在火地岛岸边发现了"马尔波洛"号。令人不可思议的是,死去的海员还各就其位:1个骷髅躺在舵轮旁,3个在舱口甲板上,10个值班海员死在各自的岗位上,6个在舱底休息。遗骸上还残留着衣服的碎片。这究竟是怎么一回事呢?最详细的调查也一无所获。1948年,一艘叫"马兰格梅达奇"的轮船发生了更为惊人的事件。无线电报员一边拍发SOS国际呼救信号,一边断断续续地报告:"船长及全体船员已经死去……我也快要死了。"当救生人员赶到后,看到的是全体船员都僵死在各自的岗位上,脸上都凝留着恐惧的表情。这些海上惨祸真是太惊人,太难以解释了,它使航海学家伤透了脑筋,搜肠刮肚地猜测各种原因。但最终的调查结果却都是未知数。后来,又经过多年的研究和试验,人们才确认这些海难事故的罪魁祸首就是辽阔海面上产生的次声波(一种人耳听不到的声音)。原来,疾驰的大风和惊涛骇浪会引起空气大功率的次声波振荡。频率为7赫兹的强大次声波能致人以死命的。大风天气里产生的次声波几乎就接近于这个频率,平均为6赫兹。当这种声波"包围"船只的时候,它可以在几秒钟内杀死船上所有的人。

187. 美国"神圣处女"号上的船员是怎样失踪的?

1872年初冬,美国"神圣处女"号货轮在亚速儿群岛附近遇上了罕见的海难:全体船员失踪,但船、货却完好无损,成了一条无人驾驶的漂流船。

1877年12月4日,"神圣处女"号货轮被英国大帆船"戴格·基夏"号发现,登上甲板勘察时看到,里面空无一人,船上装满了植物油、煤油、石油、酒精和醋酸,还有一只小狗,一只黑猫和一只鹦鹉在厨房里,写字台抽屉里的贵重物品都在。但船上的救舢板不见了,桅杆上的帆只剩下两片,船舱里还留下一半吃剩的饭菜,粮食与淡水贮备充裕。该船是从纽约出发,终点是热那亚,航海日志上写着:"1872年11月25日上午8点,'神圣处女'号在预定航线上,距亚速儿群岛圣玛利亚约10千米。"这说明,在此以前,船上一切是正常的。

"神圣处女"号被发现的消息传开以后,引起了社会的广泛议论和猜测。有人认为是船失火后,船员逃生了。有人认为是"戴格·基夏"号被趁火打劫了,也有人认为船员吃了变质面包中麦角菌而失去理智弃船的,更有认为可能是遇到龙卷风、海啸之类的灾难事故,更有甚者,还认为是遇上了海妖。

当时伦敦劳埃德船东保赔协会倾向于第一种原因,但也无法证实。直到如今,美国"神圣处女"号货轮失踪后再现仍是一个令人不解的谜。

188. "莫洛·卡斯"号客轮火灾疑案是怎么回事?

"莫洛·卡斯"号建于1930年,是美国伍德油轮公司的一艘豪华远洋客轮。

它于1934年9月5日下午6时,从哈瓦那港启航,开往纽约,第二天早晨,当电报员乔治·罗加拿着"天气变坏"的电报向船长罗伯特·威儿门特汇报时,被拒之门外,因为,在这之前船长听了关于他要煽动叛乱的消息。

傍晚,一个锅炉出了故障,当轮机长埃鲍脱路过船长室时,发现船长死在浴缸里,大副霍姆斯和船医维特赶到了,把这一消息给封锁住了。夜里风暴很大,凌晨三点,船上一个放有化学药品的柜子又突然起火了,火势迅速蔓延,船上一片混乱。这时,第二报务员向公司发出"SOS",可是信号传到新泽西州海岸警备队,竟没有人能看懂意思,附近的"勒肯伯金"号船也因天气原因未能前去营救。

巨型客轮遭遇海难

9月8日傍晚,"莫洛·卡斯"号搁浅在爱贝儿镇,晚上又有一名神秘人物在船上逗留了一个多小时后离去,船上富孀盖特琳的金刚钻不见了,尸体横卧在弹簧床上。

当时有人认为避雷针被雷击中失火,但无法被证实。三个嫌疑人是轮机长、大副、报务员,而那个神秘人物又是联邦调查局的,结果审判也不了了之。

1959年1月12日,富翁盖尔泰去世前自称是自己抢劫了金刚钻,被船长发现,就毒死了船长了,并纵火灭迹。至今对其说法也众说纷纭。

189."阿波丸"号船是怎样重见天日的?

日本的"阿波丸"号船建于1941年7月,并在1943年

3月下水，下水后被日本陆军部征用，成了一艘陆军给养运输船，来往于日本和东南亚之间，在当时炮火连天的情况下，"阿波丸"号几次死里逃生，被誉为"幸运之神"。

1944年底，日本军国主义的失败已成定局，出于种种原因，"阿波丸"号被改装成人道救济船，1945年2月17日"阿波丸"号再次出航去东南亚，日本侨民纷纷登船。在回航途中，被美国的"皇后鱼"号潜艇击沉，最后，只有炊事员一田一个人生还，其余2008人遇难。关于"阿波丸"是否被误炸问题的争论持续了数十年。几十年来，"阿波丸"号沉没还具有不可公布的秘密，据说船上还有巨额财富呢。

1977年到1980年，我国成功地打捞了"阿波丸"号，结果船上除了锡锭以外，并没有传说中那些贵重物品，至此"阿波丸"号藏金之谜仍有未解之处，人们传说中"阿波丸"号上装载的无数财宝究竟哪里去了呢？

190. "良荣丸"为什么在太平洋上漂流了330天？

1927年10月31日中午，美国货轮"麦加勒特·达拉"号发现了日本的"良荣丸"号渔船。当时，这条小船甲板上有两具干尸和一堆白骨，船上没有活着的船员。另外还发现了全体船员的遗书和航海日志。

原来"良荣丸"于1926年12月5日驶出三崎港，因天气不好进港避风，7日又出港作业，8日海上刮起大西风，从12日起因主机曲柄轴突然断裂开始停机，就这样一直在海上漂流。因为船小而一直未被发现，又由于船上只有一石六斗粮食，虽然后来靠钓鱼捕鸟充饥，但船上的12名船员仍旧相继死去,航海日志载止到5月11日,也就是说,当时已经在海上漂了150多天。

由于当时一直乱刮西北风,渔船无法西行,也就无法靠近日本海岸,直到船上人员全部死亡。当渔船被发现时,它已经在太平洋北部整整漂流了330天。

"良荣丸"船上12名船员能在海上坚持生活150天也是一个历史奇迹了,最后船体在美国烧毁,船员的遗体返回了日本。

191. 中国"德宝"号货轮是怎样遇难的?

"德宝"号货轮是我国向外国订购的一艘多用途船,在交付中就有些项目与波拉依拉船厂多次交涉未果,最后还是于1986年3月30日,离港踏上了归国之程。

尽管在返程途中一直不顺,遇到这样那样的问题,最终还是通过努力解决了,但却大大耽误了返回的时间。更为不幸的是,在6月14日,"德宝"号向正直季风期的印度洋驶去时,主机却突然停机。在经过船员们的奋力抢救之后,船还是在大风中慢慢倾斜了。当发了两遍SOS没有回应时,船身已经倾斜到90度并开始下沉。在慌忙中从船上放下的救生筏也漂开了,接着水手长、二副、机工、一水、副水手长相继跳下汹涌的大海去追赶救生筏,当他们爬上救生筏回头看时,已经是一片汪洋。

救身筏上的5个船员依靠两包饼干和一袋淡水,在印度洋上漂了24天,结果只有水手长与一水被日本船救起,其余人员都已遇难。

当年7月下旬,我国交通部对此事做了一个月的调查研究工作,结果认为,引起事故的直接原因是货物移动、西南季风和主机停车。

192. "基兰"石油钻井平台为什么会倾覆？

"亚历山大·基兰"号钻井平台由法国敦刻尔克金属企业公司制造,1976年交付挪威使用。它锚泊在北海油田南部的埃科菲斯克油田,海域深77米,起先是作为钻井平台使用,后来钻井任务少了,变成专供采油平台上的海上居民居住的旅馆,但200吨重的高大钻塔并未拆除。

海上石油钻井平台

1980年3月27日,在北海的海面上刮起了时速100千米的大风,浪高7.5米。下午6点28分,人们正在娱乐时,平台的一条腿断了,此时平台开始向海中倾斜,不到15分钟,它就倒翻在海中了,当时只有少数人获救。

"基兰"号平台的沉没是一起严重的海难事故,其原因众说纷纭:有人认为船舶或潜艇碰撞了支柱,使它翻倒沉没;也有人认为是由平台上瓦斯爆炸造成的;还有人认为是因焊接质量有问题造成断"腿"沉没的。经过挪威有关方面的可靠分析,它是由于金属疲劳等复杂原因引起支柱断裂,再加上恶劣的海况，致使平台翻倒。

193. "卡斯基依·别尔维尔"号怎么会突然爆炸？

1983年7月底，西班牙"卡斯基依·别尔维尔"号大油轮载着27万吨原油从波斯湾起航，绕过好望角向欧洲驶去，船上有24名船员和两名船员的妻子。8月5日下午，油轮中部突然发生爆炸，引燃的原油从裂缝中涌出，当时开普敦市立即派出5艘救生拖船，也有几艘货船与渔船前来救援，除3名船员下落不明外，其余已被救起，但恶劣的天气，任何灭火器都无济于事，最后，一声巨响油轮断成两截。一夜之后，船的前半截仍在海上浮动，而后半截却沉入了离海岸仅有25海里的海底，对沿海居民构成巨大威胁。

专家就事故原因展开了讨论，爆炸是装有压舱物的两个船舱发生的，因为只有它们没有设置惰性气体系统。这起油轮起火与沉没是世界超级油轮史上最大的事故之一，给西班牙和油轮沉没附近的国家带来无法估量的石油污染灾难。

194. 世界最大的油轮海难事故在哪里发生？

1979年7月19日晚，满载21万吨原油的超级油轮"爱琴海船长"号在多巴哥以东18千米处拦腰撞上了满载29万吨原油的超级油轮"大西洋皇后"号。两船相撞后立即起火，火势凶猛，危在旦夕。当时有5艘拖轮赶到现场救助，但多种救火设备均不起多大作用，只能控制一下火势和冷却船体。首先被救助的是"爱琴海船长"号。

就在现场灭火工作异常紧张之时，在伦敦劳氏保险公司里各方为了各自利益也争得不可开交。后来"爱琴海船长"号的火势被控制住了,而"大西洋皇后"号却在爆炸后急速下沉。

这次迄今为止最大的油轮海难事故历时16天,失踪27人,直接经济损失达1.5亿美元。

195. 为什么将海盗称为人为海难?

海盗的历史颇为久远,大概在人类航海活动开始不久就出现了。第二次世界大战以后,海盗基本上消失了,可如今又死灰复燃,而且更加猖獗。

目前世界上一些地区海盗活动频繁,严重危害船舶和船员的安全。当代海盗比传统海盗更狡猾,装备也比较精良,通常是在午夜一两点钟行动。西非的尼日利亚首都拉各斯港、索马里近海等经常停泊载运着贵重货物的轮船,现在是海盗出没频繁的地区,此外还有马六甲海峡、加勒比海地区、菲律宾海区和地中海三角区(塞浦路斯、埃及塞得港、黎巴嫩海岸)等。

海盗抢劫船舶被制服

有些船长竟和海盗勾结从中牟取利益,现在的海盗与社会上的一些有势力的人物联系密切。甚至和当局某些机构暗中勾结,要消灭他们很不容易。

如今主要采取三种方法来控制海盗行为:①依靠船舶保险公司采取有效措施;②船舶本身要加强防范;③政府派舰船在事故多发海域护航。

196. 意大利"阿基莱·劳罗"号客轮是如何被劫持的?

"阿基莱·劳罗"是意大利的一艘豪华客轮,1985年10月3日,它载着755名游客从热那亚起航,开始了11天的地中海之旅。

当第五天要离开埃及亚历山大港,准备去塞得港时,船上的4名巴勒斯坦解放阵线的一个特别行动小组开始了行动。他们的任务是在途经的以色列阿什杜德港抓几名以色列人做人质,目的是要挟释放50名巴勒斯坦人。可不久他们就被发现了,于是他们把所有的游客赶到餐厅,要求把船驶向叙利亚的塔儿图斯港,结果遭到了拒绝。为首的奥玛尔抓了14名美国人、6名英国人和2名奥地利人,并枪杀了一个坐轮椅的美籍犹太人。尽管他们一再威胁要杀死全船的旅客,但在巴解组织秘书长阿布尔·阿巴斯的命令下,劫船者最终还是放下了武器,历时52小时的特殊海难终于结束了。

197. 世界上有"鬼船"吗?

乍一听"鬼船"可真够吓人的,是不是船上真的闹鬼呢?其实,鬼船是航运界对神出鬼没,从事海上欺诈活动船舶的形象而憎恶的称呼。鬼船是一些国际骗子用一些船舶,打着合法运输的招牌,骗取贸易商的信任,将他们的货物骗到手再偷偷摸摸地卖掉。鬼船形影无踪,常出没在南海诸岛、东南亚及印度洋周围。鬼船一般是小船,载重量很小,运费也很便宜,船员也很少,一些贪图便宜的商人就很容易上当,有的会被骗得两手空空,因此而破产、倒闭。鬼船的出没,深为国际航运界憎恶,它是航运健康发展和贸易顺利发展的陷阱,国际上正联合采取措施,重点打击鬼船,还航运业以公正、安全的秩序。

198. 海底沉船知多少?

在历史的长河中,记载着许多人类征服大海的可歌可泣的悲壮故事。为此,不知有多少船只被汹涌的大海吞没,有多少航海者葬身于海底。航海的先驱们以自己宝贵的生命,探索了一处又一处险要之地,揭开了一个又

海底沉船故事多

一个海洋之谜,为人类的航海事业谱写了壮丽的篇章,也

海洋航运

为人类的繁荣富强作出了不可磨灭的贡献。那么,自古以来,到底有多少艘船舶沉于海底,又有多少人葬身于大海呢?根据20世纪80年代初两位美国学者统计的结果得出,近2000年来,世界上每年大约有800艘船舶沉没于大海,世界海底大约有100万艘沉船,大约每14平方海里范围内就有一艘沉船,死亡人数至少也有几百万人。

199. 沉船是怎样被打捞上来的?

船舶沉在水中,会堵塞航道,对船舶航行安全会造成很大的威胁。而将沉船打捞上来,有的经过简单修理后,可以重新投入运营,或者直接送入炼钢厂炼成钢材。由于船舶本身巨大,再加上沉船中货物及船内积泥的重量,所以现在还没有设备可以直接将沉船拖出水面。目前打捞沉船的方法很多,可以根据沉船在水下的状态、损坏情况及施工环境等各种因素来选择,而最常用的方法仍是浮筒打捞法。

那么,什么叫浮筒打捞法呢?浮筒打捞法用的浮筒是钢制的、圆柱形,内部设有内胆和气室,可以产生浮力。浮筒的外表还有一些如帽形的桩头是用来套钢丝绳的。在打捞沉船时,潜水员先把打捞浮筒的放气阀打开,把空气排出筒外,海水就大量涌入筒内,浮筒靠自身重量沉入海底,并在潜水员和水面人员密切配合下,把浮筒沉放排列在沉船的两舷,然后将钢丝绳套在浮筒的帽型桩头上。这时往浮筒内充气,将浮筒内的海水排出筒体外,靠浮筒产生的浮力就可以将沉船抬浮出水面了。

200. 为什么会掀起海底寻宝热?

大家也许读过很多关于海洋寻宝及海洋探险的图书,并且可能被那些精彩的故事内容深深吸引。可是,你知道为什么会有那么多人冒着生命危险去海底寻宝吗?

海洋是个蓝色的聚宝盆,其中不但贮藏着地球上取之不尽、用之不竭的天然资源,同时,也沉睡着大量的人类遗物。海洋中有数以万计的沉船,这些沉船中又埋藏着大量的金银珠宝和

沉船打捞中

珍贵的文物。因此,碧波下这神秘的金库,具有强大的魅力,使那些海底寻宝者如醉似狂。特别是从20世纪70年代开始,由于深潜技术的突破,世界许多国家的打捞公司、潜水大王们,已经从沉船上打捞出大量贵重物品。他们之中的许多人一夜间竟成了百万富翁。目前,海底寻宝热席卷沿海各国,成为人们可能一夜暴富的捷径,已成为人们瞩目的新兴行业。

201. 海底沉船上的珍宝有多少?

打捞海底沉船上的珍宝已经吸引了大量想一夜暴富的寻宝热者,那么,海底沉船上到底有多少珍宝呢?美国科学家曾经作过统计,自从近1500年以来,每个世纪至少有21.72万多艘船沉没于海洋之中。这些沉船有很多

海洋航运

是专门运输金银珠宝的船队,还有的是海盗为了躲避追踪而故意将宝船沉没的。也有的是由于战争和其他政治上的原因,由国家政府将金银等宝物装在船上沉没于海底的,后来战争使藏宝者丧生,至今仍下落不明。据估计,这些沉船上埋藏的珍宝价值在6万亿美元以上。无论估计的正确与否,它都会促使那些寻宝者去冒险、去追求。

202. 世界上最大的海底宝藏在哪里?

海底宝藏多集中在海况非常恶劣或交通比较繁忙,而经常出现海事的地方。目前,许多海底探险家认为,世界上最大的海底藏宝地是位于印度尼西亚和马来西亚控制的狭窄的马六甲海峡中。据资料记载,1511年,葡萄牙就有一艘运载价值90亿美元的"费洛尔·马尔"号大帆船沉没在马六甲海峡。船上装满了从苏丹王宫里抢来的财宝,既有金银珠宝、精美工艺品,又有金椅子、金塑像。在这个海峡里,还沉没着许多其他装有宝藏的船只。如果将这些珍宝全部打捞出来,其数量和价值都足以让世人目瞪口呆。现在,印度尼西亚政府已禁止在这一带海域打捞沉船了。

203. 捉龙虾能捉到珍宝吗?

自古以来,为寻宝、探宝而丧生者不计其数,但的确有一群幸运儿,他们得到珍宝非常偶然,甚至不费吹灰之力。说来你也许不信,有人竟然在捉龙虾时捉到了金条呢。1906年,在牙买加南边的培洲暗礁群,有一个渔夫没有带任何潜水工具,只是徒手憋足气,钻到礁群中去抓龙虾。但他万万没有想到,在藏龙虾的石缝里,却发现了一些金灿灿的西班牙金条,有好几百根。更巧的是,1963年,在美国佛罗里达州靠近维罗的近海浅滩,两个十几岁的孩子,戴着轻便潜水装备,在海水里捉龙虾。他们嬉闹着、追赶着,其中一个突然钻出水来大喊:"海底有个怪物,会发光!"两个小家伙手拉着手,大着胆子向那发光点靠近。等钻到水底才发现那发光的"怪物"竟是一堆美国双鹰金币。后来,经过两个小时的打捞,共打捞出来价值20万美元的金币来。

204. 你相信拣贝壳竟会捡到金条吗?

世界上的确有各种幸运的事情,有时它的降临让人措手不及。1969年夏天,有个潜水员带着妻子到大开曼岛度假,夫妻俩早晚都要到海边拾贝壳。有一天傍晚,妻子在浅海只有1米深的水里走着,海底一切看得清清楚楚。突然,她发现沙子里有一只金光闪闪的十字架,便忙叫丈夫过来。当她的丈夫潜入水下,扒开沙层时,却发现了奇迹,这下面露出一艘沉船的舱室,舱室中竟藏有1521根金条、银条,还有一只1.3千克重的金盘,一枚嵌满宝石的十字架、300个小金塑像和其他贵重物品。当然,大量的海底珍宝还是落到了专业探宝者的手里,特别是那些装备先进而且持之以恒的打捞公司或探宝者。

205. 这些海底珍宝应该属于谁?

在无数打捞珍宝者中,幸运者只是极少数人,他们中的大多数都要付出巨大的艰辛,甚至要付出生命的代价才可能有所收获。然而,有的即使成功了,后来的日子也不一定好过。1989年,美国一批私人投资者,从"中美洲"号沉船上打捞起3吨黄金。而该船是沉在离加罗林群岛256千米附近的海底,船上的黄金在旧金山铸造,是稀有金币,价值高达10亿美元。这批黄金到底应该归属谁却引起了一场风波,也轰动了整个世界。哥伦布美洲公司说:当年该船沉没时,他们付出了巨额保险金,因此该船上的财产应归属保险公司。他们找出当年支付保险赔款的收据,遇难者家属也支持哥伦布公司。而已经花了近1000万美元的寻宝者则说:这艘沉船是废弃之船,在打捞前哥伦布美洲公司根本不知道船在何处,打捞者付出了艰辛的劳动,黄金应归属于打捞者所有,保险人在过去的100多年里,根本没有为找此船花过一分钱。有的法官主张判给哥伦布美洲公司,而有的法官则主张将它判给打捞者。公说公有理,婆说婆有理,争执不下,这个官司竟打了许多年。

206. 为打捞"那希莫夫"号断送了多少性命?

海底寻宝多艰难,名归黄泉更常见。日本人在打捞原俄国沉船"那希莫夫"号时,先后经历了几次失败,并且葬送了多条人命。1944年,日本海军和政府出资150万元,由潜水大王铃木去寻找宝船。当时由于潜水技术落后,铃木不但没有找到宝,而且还断送了性命。1953年,一位叫铃木章之的教授,又重新集资,发行股票,企图用水下爆破技术,从沉船内寻找到珍宝,结果没有任何进展,却弄得身败名裂。接着又有一位以生命为赌注的森武生,靠发行债券集资,也没有成功,最后也送掉了自己的生命。直到1980年春天,日本船舶振兴会和日本海洋开发社采用了世界潜水科学新技术,选用英、日两国最优秀的潜水员,沉入到88米～96米深的海底,先拍摄"那希莫夫"号沉船在水下的状态及周围环境,开始打捞但却没有收获,只是捞上一些金属餐具。直到1985年才找到了金砖。

207. 为什么珍宝打捞出来后打捞者却入了狱?

为了海底寻宝而倾家荡产、身败名裂者并不在少数,有幸保住性命的,麻烦也会接踵而来。1981年英国和前苏联签订了一项合同,准备打捞距前苏联摩尔曼斯克400千米处海底的黄金。这些黄金是第二次世界大战时,由前苏联政府付给西方军火商的费用,共465根金条,重达5.5吨。运载这批金条的是英国"爱丁堡"号巡洋舰,后来在途中被鱼雷击沉。但根据当时的保险合同,该船不管沉到何处,三分之二的黄金仍属于前苏联,三分之一属英国。1981年10月8日打捞结束,潜水员们共打捞上来431根金条,价值5000万美元。除去打捞成本和两国政府所得外,杰索普打捞公司净得1700万美元。因按打捞合同规定,要把捞起黄金的45%交给打捞公司。杰索普也因打捞起这批黄金而招来一系列麻烦,有人告他打捞时移动了沉船上死者的尸体,违反了"战争坟墓"的禁条。结果,他竟因此而被捕了,直到1985年才真正洗清了他的罪名。

208. "圣·朗诺"号真的幸运吗?

早在1744年8月16日中午,经过两年多航行的法国大帆船"圣·朗诺"号终于抵达印度洋上的明珠——毛里求斯。这次航行历尽千辛万苦,全船145人中就有100人因败血病和其他疾病死亡。活着的人好不容易才操纵"圣·朗诺"号绕过好望角,来到印度洋。幸存的45人无不感到幸运之神的降临。可是,就在他们抵港的当天夜里,却又遭到了毁灭性的打击。当他们沉浸在梦乡时,突然滚来一个激浪,把"圣·朗诺"号抛到了珊瑚礁上。那锐利的角珊瑚竟戳穿了船底,只几分钟,船就被激浪打成了碎片,最后只有10个人逃脱了死神的魔掌。

209. 是谁将美国西基城炸掉了三分之一?

人们常说:水、火无情。如果船舶上失火就更无情了。1947年4月16日清晨,美国南部的得克萨斯州西基化学城的港内,航船争流,汽笛长鸣。在东区泊位上,一

船舶禁装危险品示意图

艘船色黛黑、锈迹斑驳的中型货轮"格拉肯"号已停机,静泊待卸。因主桅上悬有表示危险的"B"字国际信号旗,很

少有船靠近。上午8时,开始卸货了。此时的码头上整齐地停放着12辆载重汽车,18名搬运工人在大副、工头的指挥下,开始搬卸杂货。几名青年工人口里叼着烟,哼着小曲,惬意地摆弄着机械,手脚并用地打着包、起吊、装车。突然,满载硝酸铵化肥的货舱冒出了浓烟。紧急灭火行动开始了,处于待命行动的港区消防车鸣着揪人心肺的警笛风驰电掣地赶到码头,四支高压水枪喷射向火焰处,但这些都无济于事。货舱的舱盖被一股强大的气流掀开,桔红色的火焰十分凶猛地冲了过来……

9时12分,在"格拉肯"号停泊的上空,一条褐红色的火龙突然向蓝天窜去,接着传来一声震耳欲聋的巨响,"格拉肯"号炸成了碎片。烧得通红的船体碎块、蒸汽机残片、锅炉,在港湾上空狂乱飞舞,然后又倾泻在半径为3千米的城市周围。港内的水在爆炸的瞬间似乎一下子全部蒸发,显露出高低不平的海底,几分钟后,巨浪又排山倒海般地猛扑过来,50米长的驳船像一艘轻巧的木制船模,在浪峰上漂移,最后被甩落在距码头70米远的几辆轻便汽车顶上,汽车也被压得粉碎。在另一处,巨浪席卷了汽车服务队的600辆汽车。爆炸发生后,许多灼热的金属残片,一袋袋燃烧着的白沙麻向市中心飞去,整座城市立即升腾起数百股烟柱,全市性的火灾开始了,有6个炼油公司的油库先后起火,大量的石油从裂开的油罐中像喷泉一样涌出,这些四处漫溢的石油只要一接触从空中飞落下来的金属残片,就会立即化作团团烈焰,贪婪无情地吞没周围的一切。仓库在燃烧、房屋在燃烧、整个街区也在燃烧。烈火焚烧了整整三天三夜,到第四天黎明,大火才被全部扑灭。结果,西基城有三分之一的街区成为一片废墟,四分之三的化工企业被葬送,1500人陈尸街头和港湾,1.5万人无家可归。

210. 为什么一艘货船竟将两架军用飞机炸得粉碎?

也许你觉得奇怪,货船怎么能对付军用机呢?原来,在1947年4月16日,一艘名为"格拉肯"号的满载硝酸铵化肥的货船在美国南部得克萨斯州西基城港内卸货时,突然起火、爆炸。烧得通红的船体碎块、蒸汽机残片等,立即在港湾上空狂乱飞舞。只见数千只死海鸥像雨点一样跟着坠落下来,就连正在城市上空飞行的两架军用飞机也被强大的气浪冲得粉碎。不仅如此,港内的水泥仓库和海湾对面10米高的贮油罐也被炸倒,停泊在码头对面的两艘货船也受到严重损伤,港内的水在爆炸的瞬间似乎一下子全部蒸发了。这是多么可怕啊!

211. 孟买港为什么会瘫痪达半年之久?

印度最大的港口孟买港为什么能瘫痪半年之久,简单地说,是无情的大火造成的。事情的经过是这样的:1944年初,第二次世界大战的各战场已到了决战阶段。英国政府为巩固东南亚防线,伺机发动大反攻,源源不断地向战区运送物资。2月24日,一艘满载弹药和军需品的货轮"斯坦金堡垒"号离开伯肯里德港向南行驶。一路上不发报,不进港停留,不与外轮接触,神秘地向目的地——孟买航行。4月12日,该货轮安全抵达印度孟买港。4月14日上午开始卸货,码头工人计划用2天时间将1395吨弹药,3000吨TNT炸药和3000多吨军用物资卸完。可是,就在卸货的过程中货舱里的棉包缝隙间突然冒出了缕缕青烟,一股刺鼻的焦煳味直冲码头,货舱起火了。但是,由于灭火组织混乱,港口灭火工具落后,以致延误了时机,火势不但没有得到有效的控制,反而越来越凶猛。半个小时之后,"斯坦金堡垒"号终于受不起猛

火后重生的孟买港

增的烈火的烧烤——"轰!轰隆隆!"震耳欲聋的爆炸声传到百里之外,强大的热浪在周围20千米的田野中掀起了一阵狂风。船体铁片、机器碎片、货箱木片飞升到300米空中,又散落到半个城市中。有些铁片在空中飞行了数千米。猛烈的爆炸,把码头上救火用的18辆消防车也送上了天空,消防队员、船员、码头工人被炸得一个都不剩。此时,船尾剩余部分完整地沉入水中。可27分钟后,又发生了第二次大爆炸,它比第一次还要猛烈。烈焰冲天,钢片横飞,一座5吨多重的大炮被掀到几百米外的公路上,猛烈的气浪冲毁了停泊在附近的30多艘船只。更可怕的是,孟买城失火了,在海风吹拂下,烈火烧到了

市中心。白天,黑烟滚滚,人们呼天号地;晚上,火光映天,不时传来隆隆的爆炸声。这场震惊世界的大爆炸,造成了近万人的伤亡,仅来自医院陈尸所的统计,死亡人数就达1500人,未经医院统计的死亡和失踪人数不计其数。由于大爆炸,孟买港码头、港口设施大部分被毁,致使港口瘫痪了半年多,直到1945年1月28日才恢复生机,又开始对外开放。

212. 他们死得冤不冤?

人们常说:天有不测风云,人有旦夕祸福。在历史上孟买港大爆炸中死里逃生的船员们的亲身经历更能说明这一点。1944年4月14日,满载弹药和军需品的"斯坦金堡垒"号货轮在孟买港卸货的过程中突然失火,并且引起满载弹药的货舱爆炸。在猛烈的爆炸中,码头上18辆消防车被炸上了天空,消防队员、船员、码头工人全部被炸身亡,船上的蒸汽锅炉被抛到900米远的闹市区,一只重达3吨重的船用铁锚竟出人意料地飞落到近千米远的一艘货轮上,使这艘货轮立即进水沉没,船上的数十名船员当即死亡。这真是祸从天降!

213. 黄金为什么会飞进穷舍?

"天上不会掉馅饼",却会掉黄金!你相信吗?事情是这样的:一位贫穷的印度鞋匠住在孟买城外马拉巴尔山丘的一间小茅屋中。一天,他正挥动着锤子紧张地工作着,茅屋顶突然间颤抖起来,东方又传来了震耳欲聋的轰隆声,接着一块"瓦片"飞进了他的屋内,落在他的脚旁,溅起一股尘土,半埋在地里。老鞋匠奇怪这里怎么会

黄金飞落寒舍

有瓦片呢？这一带的房子都是茅草屋。他好奇地去拿这块瓦片。谁知手却被烫伤了。原来，这根本不是瓦片，而是满载弹药和军需品的"斯坦金堡垒"号货轮在孟买港卸货的过程中突然失火爆炸，把装在船上的155块金锭（每块重22千克）炸飞升空了，其中一块正巧飞进了这位穷鞋匠的茅草屋。其他的154块金锭至今下落不明，不知是落入了茫茫大海之中，还是成了哪个"幸运儿"的私产。

214. 为什么百慕大三角区被称为舰船的坟墓？

一提到大西洋的百慕大三角，大多数船员就会不寒而栗。因为对船只来说，这里是灾难的深渊，它已经吞噬了几百艘船只，而失事的原因却始终是一个不解之谜，因此，人们惊恐地把它称作"魔鬼三角"、"死亡之海"！

百慕大三角位于世界第二大洋——大西洋，它以百慕大群岛为顶点，到波多黎各岛和佛罗里达半岛南端形成的海边长约2000千米的三角区。自古以来，就有着许多关于船只在百慕大三角海域内被困、失踪、翻沉的传说,它们惊险而曲折,离奇而又神秘,深深地吸引着人们。就是有记载的关于在百慕大三角失事的船舶也有近百艘了。这些船舶一般是在良好的天气下突然失踪的,而且事后找不到残骸、尸体和油膜,绝大多数船只也没有发出紧急求救信号。更为神秘、让人无法理解的是,一些失踪船只居然在事后被找到了,但船上空无一人,成了无主船。

215. 近年来有哪些船舶在百慕大三角区失踪?

近年来,在百慕大三角区神秘失踪的船只仍然屡见不鲜。1970年4月,载着植物油和苛性钠从新奥尔良开往开普敦的"密尔顿-伊艾特赖兹"号,在"魔鬼三角"一带失踪;1971年10月15日,从哥伦比亚开往多米尼加共和国的"加瑞比"号在途中也无端失踪;1973年3月21日,从诺福克运煤到德国汉堡去的3万吨级大货轮"安尼塔",中途神秘失踪;1973年3月,一艘载有32人的摩托艇在"魔鬼三角"区航行时,在平静的海面上突然旋转下沉,连人带艇销声匿迹;1981年2月13日,在"死亡之海"东北方向航行的葡萄牙货轮"诺亚方舟"号突然失事。当时天气良好,货船在失事前未发出求救信号。当事后找

船舶沉没中

到了它的下落时,竟是船舶倾覆了在海上漂浮着,船员却无影无踪了。

216. 船上的船员到哪里去了?

百慕大三角区最让人感到神秘和恐惧的是,一些失踪船只虽然在失事后被找到了,但船上却空无一人,成了无主船。最早记载的无主船是1840年法国的"罗莎利亚"号。这艘船失踪后又被找到时,船上的货物原封未动,帆张着,但空无一人,只有一只金丝鸟。这是为什么?如果说遇到海盗袭击,为什么海盗劫人而不要物呢?如果说是船上突然发生了瘟疫,人都死光了,可又为什么没有尸体呢?1855年,一艘"切斯特"号三桅船在百慕大三角海域内张着帆,漫无目的地行驶着。船上空无一人,救生艇和货物原封未动,只是舱室内桌椅翻倒,私人用品到处乱扔。船员们都到哪里去了呢?至今仍是一个谜。

海洋航运

中国航运今昔

217. 我国最早的大规模航海活动开始于何时？

在中华民族的历史上，中国的统一开始于秦朝。秦朝统一中国以后，四海毕一，国力大盛，秦始皇下令派徐福分别于公元前219年、公元前210年两次东渡到达日本。徐福第二次东渡日本时，率领庞大的船队载童男童女3000余人，历尽了无数艰难险阻。徐福到达日本岛后，经过对当地居住和生存环境的考察，发现日本岛平原广阔，土地肥沃，非常适合长期居住。于是他们就居住下来，垦荒辟地，与当地日本人和睦相处，互相交流农业和畜牧业的技术和经验，推动了日本古代文明的进步。徐福东渡，是我国最早的一项大规模航海活动，也是首次大规模对外传播中华文明。时至今日，日本人民仍深深怀念古代航海英雄徐福。

秦始皇

218. 为什么说鉴真是一位伟大的航海家？

我国唐代高僧鉴真大师是学识渊博、德高望重的高僧，他先后6次尝试东渡日本，最终获得成功，为中日文化交流和友好往来作出了重要贡献。自公元742年起，鉴真大师就开始准备航海东渡日本，但终因海上风浪险恶，几乎船毁人亡，前5次东渡都失败了。但鉴真大师不屈不挠，认真总结航海经验，大胆尝试使用先进的航海定位和导航方法,第六次东渡终于历尽磨难,到达日本岛。鉴真大师到达日本后,不仅筑坛授经;而且还介绍传播他的航海经验,促进了中日两国间的航海技术交流,提高了航海的成功率。因此说,唐代高僧鉴真大师也是一位伟大的航海家。

219. 你知道宋朝徐兢航海出访高丽的故事吗?

唐宋时期,我国的国力空前强盛,航海技术日益发达,那时我国与周边国家的许多商贸、文化等往来大多是由海路依靠船舶完成的。宋朝的重臣徐兢奉旨于1122年率船队航海出访高丽(即现在的朝鲜和韩国等)。为确保这次航海活动的安全和成功,徐兢及同行的将士进行了认真的航海准备,在充分吸取我国以往远洋航海活动经验教训的基础上,专门写成了航海导向用图——《宣和奉使高丽图经》。徐兢出使高丽的船队规模浩大,其中有客舟6艘、神舟2艘,共大船8艘。客舟长10余丈,深3丈,船宽2.5丈。而神舟的规模远大于客舟,载客达百余人。船队在海上航行历时一个多月,终于到达高丽礼成港(即现在的韩国釜山港一带),顺利完成了具有承前启后作用的伟大航海活动,《宣和奉使高丽图经》集中反映了我国宋朝时期远洋航海活动的水平和成果。

220. 我国古代的"海上丝绸之路"在哪里?

我国古代先进的农牧业文明和灿烂的历史文化为西方各国所景仰和学习,东西方商贸和文化交流就日益繁荣昌盛起来。我们勤劳智慧的祖先不仅创造了"陆上丝绸之路",而且依靠古代的物质条件和航海技术,还开辟了"海上丝绸之路"。"海上丝绸之路"开创于西汉时期,到了东汉时期已初具规模。那时,由古罗马经地中海、印度洋、太平洋,到达中国的海上丝绸之路就已经形成。唐宋时期,我国

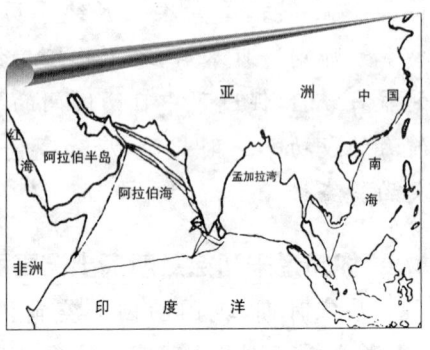

古代中国海上丝绸之路图

的国力大增,"海上丝绸之路"无论运输的货物种类,还是运输货物的数量,也都达到了空前的兴盛和繁荣。那时,我国的丝绸、瓷器、种子和生产工具等,都是从东南海港装船启航,向东航行到日本、朝鲜等,向西南航行到达东南亚各国和东非、红海沿岸以及地中海国家的港口,海上

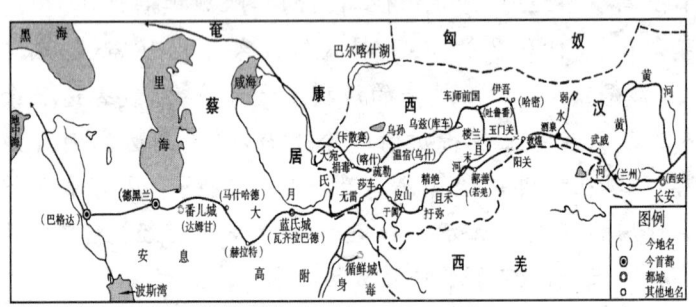

古代中国陆上丝绸之路图

贸易运输航线遍及亚、非、欧洲各国,这就是我国古代的"海上丝绸之路"。它是我国人民创造古代文明成果的真实体现。

221. 我国何时将指南针应用于航海活动？

指南针是我国古代四大发明之一，我们的祖先早在春秋时代就已发现和记载了磁铁的指极功能。那么，它是什么时候被应用于航海活动的呢？公元1119年，即北宋宣和元年，是历史上有记载的第一次将指南针应用于航海活动的年份。指南针的主要作用就是在海上极其阴暗、难辨航向时起导航作用。到了宋代，指南针就已大范围地运用于航海活动中了。后来，由阿拉伯人将指南针应用于航海活动，并传播到欧洲。应该说，指南针应用于航海活动是中华民族的伟大贡献，它使得整个世界航海事业发生了巨大变化。

222. 我国古代的航海图有哪些？

从古代开始，我国人民在征服和探索海洋的过程中，就逐步形成了自己特有的航海图著作。我国古代航海图的代表性著作有宋朝的《宣和奉使高丽图经》和明朝《郑和航海图》等，它们都是根据当时的海上活动需要而专门绘制的航海地图。这些专用的航海地图基本反映出船队航行海域的地文、水文、气候、定位等有关资料，对航海活动中常遇到的危险现象和奇异海况予以说明，是我国古代航海文明成果的重要体现。

223. 航路指南有什么重要作用？

航路指南是专门用于指引远航船舶进出港口和进行远洋航海活动的著作，我国人民使用航路指南已有悠久的历史，早在汉朝的《汉书·地理志》中就记载了使用航路指南于航海活动的史实。到了近代,清代著名思想家魏源撰写的《四洲志》一书中,还详细介绍了海外各国的地理环境和交通、航海资料,为近代中国人民抵御外来侵略、保卫家园发挥了重要作用。即使是现代技术水平很高的船舶航行于世界各地,航路指南仍是必备的航海资料。现在远洋船舶上配备的航路指南资料,其所拥有的丰富信息、知识和新颖性、先进性是过去的航路指南所无法比拟的,它们在国际航海活动中发挥了重要作用。

224. 古代"针路簿"的作用是什么?

我国海岸线绵延数千千米,渔盐资源丰富,我们的祖先在出海捕鱼的过程中,逐渐积累了大量的航海和鱼汛资料,他们或简单记载下来,或一代一代口述流传下来,最终编写成民间的传统导航手册。这就是古代的"针路簿"。在古代,我国东南沿海地区的渔民、水手等就是依靠这种"针路簿"指导从事海上渔业生产和航海活动的。直到今天,这种"针路簿"仍能发挥一定的作用,它是现代化海图、航海指南等资料的雏形。

225. 中国古代的"市舶司"的职能是什么?

中国古代从唐朝到明朝都独立设置了"市舶司"这一行政部门,它是古代各朝代的一个重要行政管理机关。当时的市舶司掌管着进出境船舶管理、征稽关税等行政事务。唐朝时,只在广州设立市舶司,而到了宋朝又进一步扩大,在杭州、明州(今宁波)等地也相继设置了市舶司。到了清朝,市舶司的职能就被海关所取代。但清朝的海关在很长的时间内,都由英国人担任关监。清朝后期,连自己国家的海关主权和船舶管理权都操纵在外国人手中,可见,国力衰弱到了何等地步。

226. 郑成功是怎样经营远洋贸易的?

明朝末年,郑成功在准备收复台湾时,也开始经营远洋贸易,以补给军队之需。他开始经营贸易时,仅有10

郑成功雕像

余条商船,后来船队规模扩大,远洋贸易的范围也日趋广泛。他的船队主要往返于日本、南洋和我国东南沿海地区。郑成功根据远洋贸易货物的流向,不断调整航线,有时直线直达,有时则开辟往返式航线,以此来增加船队的货物运输量。船舶运载的出口货物主要是中国的生丝、丝绸制品和瓷器等,进口货物则是贵重金属、军事用品等。据史料记载,郑成功每年从事远洋贸易获利可达240多万两白银。强大的航海贸易确保了军队的开支和供给,郑成功最终完成了收复宝岛台湾的民族壮举。

227. 郑和下西洋是怎样传播华夏文明的？

在明朝时，我国封建社会已发展到了鼎盛时期。明成祖朱棣为发展海外贸易，弘扬大明国威，决定由郑和率庞大的船队远航西洋。1405年6月15日，郑和率庞大的船队从江南刘家港浩浩荡荡出发。船队有宝船62艘，小船100多艘，承载人员多达2.78万人。宝船是当时世界上最大的船舶之一。船上装满了金银、丝绸、瓷器、茶叶、

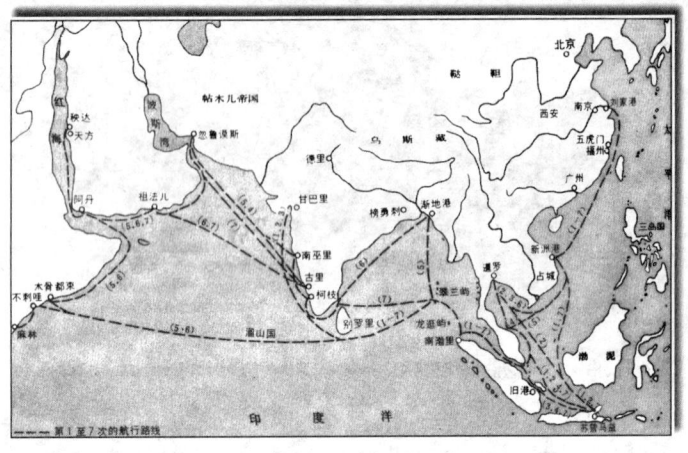

郑和下西洋航线图

铜器、铁器等。郑和率领庞大的船队先后远航到达爪哇、苏门答腊（现在印度尼西亚一带）、满剌加、锡兰等国，最远到达非洲东海岸和红海沿岸的阿拉伯国家，航迹遍及约30多个国家和地区。郑和船队远航每到一处，都与当地的首领和群众互通情况，互换礼物，进行平等互利的贸易，用中国的特产换回西洋各国的宝石、珊瑚、珍珠、犀角、白象、香料等。西洋各国纷纷派出使者，或赠送礼物，

随船队到达中国,开始与中国进行友好贸易和人员往来。郑和首次远航西洋各国历时近4年才回到祖国。

继第一次远航西洋之后,郑和率庞大的船队又先后7次远航西洋,规模空前,影响深远。它标志着当时我国的国力和航海技术已达到了世界的领先水平,极大地推动了我国远洋航海事业的发展,也广泛传播了华夏文明。

228. 明清时期是怎样推行"禁海"政策的?

我国拥有1.8万千米漫长的海岸线,沿海有6500个星罗棋布的大小岛屿,是世界上重要的海洋大国。在清朝初期以前,我国的海外贸易和远洋航海技术一直都在世界占据领先地位。从明朝末期开始,我国就逐步实行了禁海政策。禁止海民私自造船和从事海外贸易,禁海政策甚至达到了"片板不许入海"的极端程度。即使到了清朝,禁海政策也没有大的变化,全国只允许一个商业贸易港口与国外进行贸易往来,对外贸易的时间、进出口货物的数量规模、造船限制及船舶配备的人员数量都作了严格的限制。

明清时期推行"禁海"政策先后持续了400多年,极大地阻碍了我国远洋航海事业和对外经济贸易的持续发展,这种闭关锁国的落后政策,使近代中国远远落后于西方国家。最终,当西方国家船坚炮利地攻击我国时,我们就仅有被动挨打的份了,并逐渐沦为半殖民地半封建的国家。

229. 近代中国航运业是怎样兴起的?

中国商船运输业兴起于19世纪中后期的洋务运动。

当时，中国的官商在尝试发展民用工业和军事工业的同时，也开始探索和举办中国早期的航运业。但近代中国最初举办航运的目的并不是为了商贸运输，而是为了发展军事，运输军用物资和水上作战。在清朝后期的咸丰十一年夏天，太平天国运动达到鼎盛，整个长江流域的运输被阻隔，南北贸易无法进行，清朝的统治岌岌可危。为剿灭太平天国运动，清政府曾国藩等大臣奏表皇上说："不过一两年，火轮船只必为中外官民通行之物。"1863年，近代中国第一艘可以使用的汽艇轮船在曾国藩开办的安庆机器制造厂完工，并下水使用。

1864年，英国人赫德和李泰国受清朝的委托，在英国购买一艘火轮船，并于同年7月20日抵达上海，船名为"北京"号。这艘火轮船样式特别，外观华丽玲珑，是中国官商从国外购买的第一艘轮船。

中国自己建造的第一艘轮船是于1868年9月正式下水航行的。在船舶首航驶往南京时，当时的江苏总督将该轮船命名为"怡吉"号。"怡

曾国藩像

吉"号轮船总长185尺，型宽27.5尺，是当时船舶中规模最大、技术最先进的运输船舶。它标志着近代中国航运业的再次萌发。从此，商船不仅为清政府用作军事目的，而且也逐渐投入到沿海商贸货物的运输。中国近代商船

海洋航运

的诞生和发展,是洋务运动的重要成果,它为近代中国的造船业和航运业奠定了重要的基础。

230. 中国近代发展商船运输的争论有哪些？

中国商船运输兴起于19世纪中后期的洋务运动,当时面对外国的入侵和清朝的日益衰落,是继续沿用古代延续下来的漕运(指古代各王朝的官粮、军粮等主要由政府控制的船队沿运河及内河运输的一种传统水上运输方式),还是仿效外国的先进经验,发展我国的民族航运业,在清朝官方内部发生了激烈的争论。以大臣刘瑞祺为代表,主张继续坚持漕粮河运,不可动摇。而李鸿章主张废除河运,大兴海运,要求学习西方国家,购买先进的商船,大力发展民族航运业。大臣朱其昂则主张河运与海运并举,共同发展。在激烈的争论中,洋务运动的主要人物李鸿章等纵论世界各国发展航运的经验,有力地论述了海运发展的利弊。他们坚持"此事为洋务一大关键,力排众议,独任其难",在"中国江海利权,已为洋商占尽"的艰难困苦条件下,决心创办我们民族自己的航运企业。最终,兴海运派占了上风,随后,以李鸿章和朱其昂等为首又积极筹资招股,购买新船,并发起创立了轮船招商局。

231. 你知道我国最早的轮船航运企业吗？

我国拥有漫长的海岸线,众多的天然良港,是具有良好航运条件的大国。但我国的航运事业是随着清朝的衰败和外国列强入侵,在艰难困苦中发展起来的。我国最早的轮船航运企业是由洋务运动的代表人物李鸿章于清朝同治十一年十二月(即1873年1月)创办的招商局。

当时招商局主要承运漕粮,部分兼运商货。1930年国民政府交通部将它收归国有。到抗战爆发前夕,招商局已拥有轮船33艘,共计6.77万多吨,已是当时国内最大的航运企业。但是,八年的艰苦抗战,历尽炮火风雨,使招商局拥有的船舶损失殆尽,元气大伤。直到1950年随着嘹亮的义勇军进行曲奏响,香港招商局宣布起义,飘泊异乡的轮船和爱国船员终于回到了祖国的怀抱。1985年11月,国务院批准成立招商局集团。我国最早的轮船航运企业又焕发出勃勃生机,现在的招商局集团已发展成为我国驻港的特大型航运企业集团。从我国招商局诞生发展的历程,不也折射出我们民族曾历经艰难曲折却又勇往直前的发展历史吗?

232. 近代中国的主要造船工厂有哪些?

近代中国的主要造船工厂是在洋务运动的高潮推动下诞生的,成长于内忧外患、外国资本欺压蹂躏的艰难环境。它一开始就坚强不屈地与封建势力和外国资本进行抗争,为近代中国航运事业的启蒙铺就了道路。1865年,清朝两江总督李鸿章将上海两个制炮局与从美国商人手中购买的虹口旗记铁厂合并,建立了江南制造总局。江南制造总局的主要任务是建造轮船,以供军事之用,兼供民用。它是当时我国最大的军事工业企业。1866年12月,闽浙总督左宗棠经清朝政府批准开始动工兴建福建船政局。到1871年,基本建成了铁厂、轮船制造厂等。1874年造船合同期满,先后造船15艘。所造船舶实现了由木壳船到铁壳船的飞跃,并开始在船舶上装备了大马

海洋航运

力蒸汽机。在此期间,天津机器局、金陵制造局等也都开始制造规模不等的轮船。与此同时,中国最早的轮船航运企业——招商局诞生了。从此,我国近代航运和造船业开始在风雨如晦的岁月中艰难起步了。

233. 招商局轮船是怎样回到祖国怀抱的?

新中国成立前夕,招商局轮船都处在国民党政府的统治之下,随着人民解放军解放全中国的号角吹响,招商局轮船上的船员们心向祖国,渴望摆脱国民党腐朽统治的心情日益迫切。1949年9月,载重量3000吨的"海辽"轮在船长方枕流等爱国人士的带领下,率先高举起义的旗帜,克服艰难险阻,终于在新中国成立前夕到达大连港,回到了祖国的怀抱。"海辽"轮是招商局轮船中第一艘起义的船舶,曾受到毛主席、周总理等党和国家领导人的高度赞扬。在"海辽"轮起义义举的感召下,随后又有"海玄"轮等13艘招商局轮船相继加入了起义的行列,纷纷升起了五星红旗。"海辽"轮等招商局轮船起义,是新中国航运发展史上的重要里程碑,它直接为新中国的航运事业奠定了坚实的物质基础和人才基础。

234. 新中国第一艘悬挂五星红旗的远洋船舶是哪艘?

新中国第一艘悬挂五星红旗的远洋船舶是1961年4月27日刚刚成立的中国远洋运输公司所属的"光华"轮。"光华"轮是于1961年4月28日首航印度尼西亚的。首航前,国家和广东省各界还在广州黄埔港举行了隆重的开航典礼。"光华"轮首航印度尼西亚并不是执行商业运

"光华"轮雄姿

输任务,而是受我国政府指派到印度尼西亚接运遭受迫害的归侨、使馆工作人员等。此次执行任务,"光华"轮在雅加达运载归侨86人、使馆工作人员7人、回国艺术团91人;又在文莱载归侨393人,共载旅客577人。"光华"轮于5月17日顺利返抵黄埔港,圆满完成了接运归侨的任务。当时,为迎接"光华"轮胜利归来,陈毅元帅还曾赋诗一首《满江红·参观光华轮》。诗中这样写道:"中国海轮,第一次,乘风破浪。所到处,人民欢喜,吾邦新创。海运百年无我份,而今奋起多兴旺。"从此,新中国结束了没有自己远洋船舶的历史,揭开了新中国航运发展史上新的一页。

235. 新中国第一家国际海运企业是什么时候成立的?

从1961年4月27日"光华"轮在黄埔港起锚之日起,就标志着新中国第一家国际海运企业——中国远洋运输公司正式成立了,同时也诞生了广州分公司。当时,陈毅元帅欣然写下了"海运百年无我份,而今奋起多兴旺"的诗篇。不久上海分公司也正式成立。1993年2月16日,中国远洋运输集团总公司成立,继而为直航台湾做准备,相继建立了深圳和厦门远洋运输公司。经过几十年的苦心经营,今天,中国远洋运输集团现有船舶600多艘,共1700多万载重吨,其中散货船队已跃居

中远集团旗下的航运企业

世界第二位,集装箱船队跃居世界第五位,共开辟了500多条航线,通往150多个国家,1200多个港口。现在已形成了以北京为中心,祖国大陆为基地,香港、日本、新加坡、美国、澳洲、欧洲、非洲、西亚八大海外地区为区域管理的经营网络。中国远洋运输公司的成长和壮大,标志着我国已跻身于世界航运大国之列。

236. 新中国第一家合资轮船公司是哪一个?

1949年10月1日新中国成立以后,年轻的共和国在极其复杂的国际、国内环境下,积极拓展对外贸易和航运的渠道。1950年波兰人民共和国正式提出建议,由中波两国政府合股建立中波轮船股份公司。我国政府原则上同意了波兰政府的建议。1951年1月,中波两国政府在

北京签署《关于组织中波轮船股份公司的协定》。6月15日,经两国政府的批准,中波轮船股份公司正式成立。新中国的第一家合资轮船公司就是那个时候诞生的。中波轮船股份公司总部设在中国天津市,分公司设在波兰格丁尼亚。公司的最高权力机关为股东会议,双方各派出3人组成公司管理委员会,负责领导公司的经营管理活动。半个多世纪以来,中波轮船股份公司对促进中波和国际其他国家的贸易往来,冲破以美国为首的西方资本主义国家对我国的经济封锁作出了重大贡献。新中国第一家合资轮船公司至今仍活跃在国际航运舞台上。

237. 新中国首航美国的远洋船舶是哪一艘?

自从新中国成立之日起,美国等西方国家就一直对我国实行敌视和封锁政策,多年来,中美关系也一直被坚冰覆盖。从1972年起,由于美国总统尼克松访华,使中美关系逐渐缓和以后,中美之间的贸易和航运活动也开始萌动。1979年4月18日,中国远洋运输公司所属"柳林海"轮作为第一艘悬挂五星红旗的中国远洋货轮,首次停靠在美国西雅图港,开始了两国之间的货物运输。"柳林海"轮首航美国,使中断了30多年之久的中美海上航线重新恢复,架起了中美贸易和航运跨越太平洋的友谊桥梁,从此,揭开了中美贸易运输史上新的一页。

238. 新中国成立后美国商船是怎样首航中国的?

继1972年美国总统尼克松访华后,中美两个世界大国加快了建立外交关系的步伐。1979年1月1日,中美正式建立外交关系,两国之间的贸易和运输开始逐渐恢

海洋航运

复。在中美两国政府海运协定正式签订之前,中国远洋运输公司和美国莱克斯兄弟轮船公司就达成了悬挂中国国旗和悬挂美国国旗的船舶分别挂靠中美两国对外开放港口的协议。根据这个协议,美国莱克斯兄弟轮船公司于1979年3月,派出了"利·莱克斯"号轮,首航我国的上海港。在"利·莱克斯"号轮首次到达上海港时,中国政府和群众还为此举行了隆重的庆祝活动。这次中美海上运输的首航,与当时中美之间的乒乓球外交相辉映,堪称是中美关系史上的丰碑。

239. 新中国第一艘国产货轮是怎样沉没的?

伴随着高昂的社会主义竞赛活动的歌声,新中国第一艘国产远洋货轮"跃进"号于1963年4月顺利开始首航日本。"跃进"轮全长169.9米,宽21.8米,航速18.5

"跃进"号下水试航

海里/小时，载重15930吨。它是从青岛港装载了玉米、矿产品等杂货起航的。开航后第二天，由于值班船员在推算航迹时计算误差过大，导致推算船位与实际船位相差近17海里，致使船舶左舷触撞苏岩礁，船体破裂，大量进水，最后沉没。"跃进"轮的沉没是一起严重的人为航海事故。

240. 你知道中国航运史上的"泰坦尼克"号事件吗？

看过电影《泰坦尼克》以后，无不为人类历史上曾经发生过的这样特大海难事故而感到震惊和痛惜。可你知道吗？在中国客运史上，也曾发生过类似"泰坦尼克"号的特大海难事故。那是在新中国成立前的1948年12月3日，当时中国招商局所属的"江亚"客轮从上海开往宁波，全船共承载3253人，超出额定人数1000余人。当"江亚"客轮驶出吴淞口，驶近长江口时，突然一声巨响，全船灯光熄灭，船身开始下沉。船长也曾试图冲滩搁浅，但终因轮机失灵未获成功。虽然，当时航行在长江口上的船舶也积极进行了营救，但最后也只救起了900人，死难者竟达2353人。"江亚"客轮沉船事故是一起因客轮严重超载造成的震惊中外的特大海难事故，事故死难者人数是中国历史上前所未有的，在世界海难事故中也属罕见，它大大超过了"泰坦尼克"号的死难人数。

241. 我国远洋船舶承担过紧急救援任务吗？

尽管世界大战的硝烟已经散去，战争噩梦远离了人类。但局部战争和国内冲突还一直断断续续地缠绕着爱好和平的人们，国际救援活动也就此应运而生了。每当他国国内发生民族冲突和动荡不安的时候,远隔万里以外的祖国总会通过远洋船舶等一切交通工具前去救援处在危难中的侨胞们,这时的船舶就好像纽带一样将祖国与海外的侨胞紧紧地联系在一起。1991年1月,北非的索马里国内政局混乱,武装冲突升级,也严重威胁着我驻索使馆工作人员和援外工程技术人员的生命安全,正在航行中的我国"永门"轮,在接到我国政府的紧急命令后,冒着无任何索马里海域航海资料,无引航员等巨大航行危险,于1月6日、7日两次驶入炮火纷飞的摩加迪沙港,紧急接运了244名驻索使馆工作人员和援外工程技术人员,光荣地完成了祖国赋予的神圣使命。

2000年,南太平洋上的岛国所罗门发生国内动乱,我国驻所罗门的华侨、经商人员请求祖国人民紧急援救。这时,正航行在南太平洋上的我国"阳江"轮,立即驶往与我国无任何外交关系的所罗门国,将他们安全地接送到澳大利亚,又谱写了一曲紧急救援的新篇章。

242. 新中国第一艘由台湾装货运往大陆的船舶是哪一艘?

自从1949年国民党进驻台湾以后,海峡两岸的交流和贸易活动就彻底中断了,这无疑对两岸的经济发展造成了不利的影响。为了努力打破这种僵局,中国远洋运输公司的"欢庆"轮,于1980年6月,肩负着特殊的使命从祖国大陆烟台港启航,经日本的那霸港首航了台湾基隆港。之后,"欢庆"轮满装1851吨货物,又顺利地直航到上海港卸货。应该说,"欢庆"轮是新中国成立以来第一艘由台湾装货运往祖国大陆的船舶。

243. 现代中国船王和他的公司今何在？

20世纪初期的中国内忧外患，民不聊生，民族工业受到帝国主义和封建主义的双重压迫。尽管艰难重重，但爱国的仁人志士们仍前赴后继、艰难地开拓，努力发展民族工业。1925年，我国著名爱国民族实业家卢作孚先生率先创立了民生实业股份有限公司，致力于发展和经营民族航运业。本着"民生公司的最后意义决不是帮助自己，而是帮助社会"的宗旨，经过卢作孚先生苦心经营，民生实业股份有限公司得到了很大发展，当时的船队规模已位居民族航运企业之首，得到了社会的广泛认同和赞许。卢作孚先生也被誉为"现代中国船王"。改革开放以后，民生实业股份有限公司又重新焕发了新生。1984年10月1日，民生实业股份有限公司在重庆港召开了成立大会。同日，公司所属"生振"轮、"生兴"轮满载钢坯首航鄂城，开启了民生实业股份有限公司腾飞的新航程。现在，民生实业股份有限公司已发展成为我国航运领域多元化发展的民营企业集团，被称作是"最成熟的民营企业代表"。

244. 包玉刚先生是如何发展航运事业的？

我国香港特别行政区是世界重要的航运中心。香港国际航运中心地位的确立是几代中华优秀儿女艰苦创业、励精图治的结果，凝聚着华人航运巨子的心血和智慧。香港航运业巨子——包玉刚先生就是其杰出的代表。包玉刚先生出生于我国浙江省宁波，年轻时在昆明、

海洋航运

衡阳等地从事工商、金融活动。新中国成立前,他举家移居香港。早已在香港经营房地产生意的父亲希望包玉刚子承父业,继续开拓和发展房地产业。但包玉刚却另有想法,他认为航运业是充满活力和冒险精神的事业,只有投身于航运业,才能够实现自己的理想。经过周密的准备,包玉刚最先只是购买了一艘有20多年船龄

包玉刚先生像

的旧船,然后将它转租给日本一家航运公司。由于他的初次经营就获得了巨大的成功,航运管理才能初露锋芒。到1956年末,包玉刚的船队已拥有船舶7艘。后来又大量订造了一批新船,航运实力大增。到了20世纪60年代后期,中东原油市场持续繁荣,包玉刚利用这一难得的发展机遇,成立了环球航运集团,大规模扩大了船队,使业务机构和触角遍及世界各重要地区。进入20世纪80年代后,包玉刚以其雄厚的实力乘势击败了英资"怡和洋行",取得了香港最大的码头——九龙仓的控股权。他还与中国政府合作成立了国际联合船舶投资公司,极大地扩大了所属船队的规模。现在,他的船队拥有船舶200多艘,仅巨型油轮就有120艘,是世界上规模最大的私营船队。他为香港经济和航运业的发展作出了重要贡献。

包玉刚先生也因此被人们誉为香港船王。

245. 董浩云先生是怎样成为香港航运巨子的？

与包玉刚先生几乎同期开拓和发展航运业的著名爱国实业家董浩云先生也是香港航运业的巨子,为香港航运业的发展作出了不可磨灭的贡献。董浩云先生早年就立下了航运救国的宏伟志向,他常说:"地球表面四分之三是海洋,我们应当有信心征服海洋!"正是这宏伟的志向激励着他为发展航运事业刻苦学习、潜心积累。年轻时,董浩云先生就在天津的一家航运公司工作。他从公司一名普通的职员做起,虚心求教,积累了航运管理经验,为日后创办自己的航运公司奠定了基础。后来,他抓住发展机遇,适时购进船舶,重点发展集装箱船运输,创立了东方海外货柜航运有限公司。1982年董浩云先生去世,此时的东方海外航运集团已拥有各种类型船舶150余艘,其中最大的一艘载重量达56万吨。他拥有的船舶数量是希腊船王奥塔西斯的2倍还多。现在的东方海外航运集团仍是全球最大的十家集装箱班轮航运公司之一。

246. 新中国远洋航运事业发展的战略方针是什么？

新中国建立后,当时国家面临的仍是旧中国遗留下来的破烂摊子,工农业和交通运输业十分落后,年轻的人民共和国百废待兴,重建任务任重而道远。在党中央"自力更生,艰苦奋斗"方针的指引下,我国远洋运输事业在艰难险阻中探索出了一条在经济落后国家,主要依靠贷款滚动发展航运事业的新路子。当时,我国仅利用中国银行、招商局以及中远香港公司的有限存款进行贷款买

海洋航运

繁忙的货柜码头

船,公司进行单独核算。用买船经营所得利润还贷,再逐步滚动发展、壮大。1963年12月,中央批准了交通部、中国远洋运输公司等关于利用中远在香港的公司和银行账户贷款买船的报告以后,我国的远洋运输事业就走上了一条独具中远特色的自我发展之路。新中国远洋航运事业发展的这一战略方针被概括为:贷款买船,负债经营,赢利还贷,自我发展。今天,我国远洋运输事业的发展规模和水平已不是当年初创时所能比拟的,它已雄居于世界远洋船队的前列。这其中无不凝聚着新中国远洋航运事业开拓者的辛勤汗水,闪烁着创业者超常胆识的光辉。

247. 新中国是如何发展航运事业的?

新中国建立之初,我国航运事业面临着巨大的困难:原招商局所属的大部分轮船被国民党劫持到了台湾,而剩余的船舶和私人企业拥有的船舶也被破坏殆尽。仅存的船舶多数也已破烂不堪。而刚刚解放的新中国又急需大量船舶从事海上运输,服务于祖国的经济建设。面对这种矛盾局面,新中国开始探索打捞沉船和修复旧船,以解燃眉之急的路子。上海率先组织成立了沉船打捞队,抓紧打捞长江和近海的沉船,并且很快就打捞起沉船67艘。其他沿海地区也学习上海的经验,沉船打捞工作由此全面展开,一些残破的老船也得到了快速修复。到1952年底,新中国从事沿海运输的船舶和驳船已达到400多艘。修复一新的沉船和旧船都迅速投入到航运活动中,为新中国的经济恢复和国民经济发展作出了应有的贡献。中央人民政府还号召那些因战争等原因流散到海外的私人轮船回国参加社会主义建设事业。与此同时,新中国积极酝酿、筹备建立我国自己的航运公司,探索自我发展、贷款买船的自主经营道路。新中国建立10多年后的1961年,中国远洋运输公司诞生了,新中国终于有了自己的大型航运企业。从此,我国的航运事业开始逐步走向世界。

248. 新中国成立后我国建立了哪些合资航运公司?

在新中国成立初期的1951年1月,中波两国政府在北京签署了《关于组织中波轮船股份公司的协定》。6月15日,经两国政府的批准,中波轮船股份公司正式成立,新中国的第一家合资轮船公司顺利诞生。此后,我国加快了与世界其他国家的贸易和航运的交流与合作。在当时那种特殊复杂的国际环境下,我国主要发展与承认中华人民共和国并与我国友好的社会主义国家的航运合作,先后于1959年2月建立了"中捷"合作的捷克斯洛伐克国际海运股份有限公司;1962年4月建立了"中阿"轮船股份公司;1967年6月建立了"中坦"联合海运公司;1971年建立了"中朝"海运公司。到改革开放前,中外合作的船舶公司已达到数十家,具有相当大的规模。

它为我国打破西方国家的经济封锁和制裁,扩大国际经济交流与合作发挥了重要作用,也为我国新时期航运开放事业积累了经验。

249. 新中国在国外订造的第一艘远洋货轮是哪艘?

进入20世纪60年代后,我国远洋运输事业经过艰苦探索,进入了一个新的发展阶段。1962年4月30日,中国远洋运输公司在波兰格但斯克船厂接收了新造的"国际"号远洋货轮。5月1日,这艘"国际"号远洋货轮悬挂着鲜艳的五星红旗从波兰格但斯克启航。在航程途中,它先后在欧洲的安特卫普港、伦敦港和北非卡萨布兰卡港装运货物,并于6月15日安全抵达广州黄埔港卸货。"国际"号远洋货轮是新中国在国外订造并接收的第一艘远洋货轮,她也是我国第一艘开辟中国至西欧、北非航线的远洋货轮。

250. 新中国成立后中日间海上客运航线是何时开辟的?

日本是我国一衣带水的邻邦,自唐朝以来,中日两国人民就开始经海上进行频繁的货物和人员往来,建立起了密切友好的关系。自从日本侵华战争开始后,中日间海上正常的客运业务就中断了。直到进入20世纪70年代后,中日两国关系逐步实现了邦交正常化,坚冰才开始消融。1975年8月9日,中国远洋运输公司广州分公司所属的"耀华"轮受命承运"日本友好东北信越农民之船"访华团和"日本友好神奈川县青年之船"访华团来华访问,先后运送旅客891人,圆满完成了任务。这是新中国成立后我国远洋客轮首次驶抵日本,开辟了中日间海上客运的新航线。此后,中日间海上客运航线开始活跃、繁荣起来。目前,我国各主要港口都开辟了中日间海上客运航线。

251. 震惊航运界的"风庆轮事件"是怎样发生的?

十年动乱后期,我国年轻的远洋运输事业在当时错综复杂的形势下,艰难地探索和发展。以江青为核心的"四人帮"一刻也没有放松篡党夺权的步伐,将活动的触角也伸向了航运领域。他们打着坚持无产阶级专政,保持正确的政治方向的旗号,将坚持实事求是,努力发展生产的许多同志污蔑为"崇洋媚外、投降卖国",矛头直接对准敬爱的周恩来总理。1974年9月30日,中国远洋运输公司上海分公司所属国产船"风庆"轮从罗马尼亚返航抵达上海港。"四人帮"利用"风庆"轮远航成功一事,借组织欢迎仪式之机,大肆歪曲事实,制造舆论,污蔑国务院、交通部不支持国内造船,热衷于向国外买船,是"洋奴主义",搞"投降卖国"等。他们捏造罪名,还对交通部派到"风庆"轮工作的同志拒绝参加"批判"的正当行为说成是"反动政治事件"。一时间,我国远洋航运领域两条路线的斗争剑拔弩张,形势十分严峻。这就是震惊我国航运界的"风庆轮事件"。同年10月,江青等又在中央政治局会议上再次提出"风庆"轮问题,遭到邓小平等中央领导同志的坚决抵制和批驳。这才使"风庆轮事件"引发的政治风波逐渐平息,"四人帮"精心策划的政治阴谋也宣告破产了。

252."银河"轮是怎样揭露美国霸权主义嘴脸的?

海湾战争结束后,以美国为首的西方国家仍然对两伊进行经济制裁和军事封锁,对进出波斯湾的商船进行非法扣押、调查,严重威胁着国际社会正常的航运安全和秩序。1993年7月23日,广州远洋运输公司所属的"银河"轮正航行在中国——波斯湾航线上。"银河"轮上装载了782个集装箱,船舶离开雅加达后就驶往沙特阿拉伯迪拜港。可是,当"银河"轮进入印度洋后,美国开始无端怀疑船上装载了制造杀伤性武器

"银河"号胜利归来

的化学品,并对"银河"轮进行空中、海上围追堵截,阻挠"银河"轮正常航行。我"银河"轮临危不惧,一边艰难航行,一边与美国的阻挠进行斗争。最后,终于抵达了沙特阿拉伯。为了揭露美国霸权主义的真实嘴脸,当"银河"轮靠岸后,主动接受了由多方进行的严格检查与验证,并于9月4日,由中、美、阿共同签署了检验报告。验收报告上证实,"银河"轮上根本就没装载被美国指控的化学品,从而彻底戳穿了美国的无端指责,也再一次暴露了美国的霸权主义嘴脸。我"银河"轮不畏强暴的精神,在国际航运界奏响了反霸权主义的又一曲凯歌。

253. 我国的黄金水道在哪里?

长江是我国最大的内河。一曲《长江之歌》,更把人们带入了绵延不断、烟波浩渺的南国鱼米之乡。长江不仅哺育了两岸勤劳智慧的人民,创造了灿烂的文化,而且

黄金水道——长江

海洋航运

还为长江两岸流域的人民提供了"舟楫之利"。自古以来,长江就被誉为我国的内河黄金水道。近代以来,由于帝国主义列强的入侵,长江航运的管制权也成了他们抢夺的对象。但中华民族的热血儿女为了捍卫长江主权,曾留下了许许多多的英雄故事。新中国成立后,特别是改革开放以来,长江航运事业以飞快的速度发展。现在,航行在长江水道上的国内外船舶约近百万艘,是我国东西部贸易运输的主要通道。随着长江三峡工程的建成和长江航道的全面整治,古老的内河黄金水道还将如虎添翼,再展雄风。

254. 我国最大的内河运输企业是哪一个?

我国最大的内河运输企业是中国长江航运总公司。它的前身是中国长江航运管理局,负责长江水路交通运输的管理。1996年1月,经国家批准,正式建立了中国长江航运总公司。它现已有子公司23家,分布于长江沿岸和沿海港口城市,主要经营长江内河的航运、海内外旅游、船舶修造和配件制造、货运代理等,业务范围十分广泛。目前,悬挂鲜艳的五星红旗,航行在长江黄金水道上的货运船舶和旅游船舶多数都是由中国长江航运总公司经营管理的。

255. 我国远距离客滚装运输开始于什么时候?

客滚装运输是国际航运界新近快速发展的一项运输业务。它具有客运和货运协同进行、快速便捷、效益高等特点。它一经投入海上运行,便为各国开展沿海港口客滚运市场所青睐。我国也及时地采取了相应的措施发展

正在靠泊作业的客货滚装船

客滚装运输业。初期,我国主要是发展近距离的客滚装运输,待条件成熟后,才逐步推广和发展了远距离的客滚装运输。1996年6月7日,大连中洋航运公司所属的"中原"号客滚装船首航了大连至上海航线,开创了我国沿海长距离客滚装运输的先河。

256. 我国海上救助的最大船舶是哪一艘?

海上救助业务是国际航运业务的一个重要组成部分,也反映了一个国家的整体航运实力。1997年6月6日,我国交通部所属的烟台救助打捞局应船东的救助请求,成功地救助了17万吨塞浦路斯籍散货轮"继承者"号。这是我国救助史上救助的最大船舶,创造了我国救助史上救助船舶吨位的最高纪录,也标志着我国的海上救助能力达到了国际水平。

257. 祖国大陆与台湾省的"试点直航"开始于何时?

祖国大陆与台湾省已经隔断了数十年,双方没有直接的商业往来。直到进入20世纪90年代以后,在两岸的共同努力下,于1997年,大陆与台湾的"试点直航"终于开始启动。目前,已经有两岸的10家航运公司的10艘船舶投入商务运营。为此,我国政府还决定,先由厦门和福州两个港口作为大陆与台湾的"试点直航"的试点口岸,由两个港口的中国外轮代理公司和中国船务代理公司代理两岸直航船舶的业务。"试点直航"是迈向两岸全面直航的第一步,随着两岸经贸关系的进一步发展,民间要求直接三通的呼声也愈来愈高,海峡两岸海上直达客货运输的全面直航和"三通"也终于实现。

258. 我国最大的浮船坞在哪里?

现在,我国已经不仅仅是航运大国,而且还是修造船业的大国,我国的修船业在世界上已经占据了重要地位。1990年中国远洋运输总公司所属的南通船厂从国外引进了国内最大的15万吨的"南通"号浮船坞,并建造了10

大型浮船坞

万吨级的修船码头,彻底宣告结束了我国不能修理10万吨级以上大型船舶的历史。随后,南通船厂又建造了第二座15万吨级修船码头和8万吨级"远通"号浮船坞。今天,这个位于长江口北岸的南通船厂已经成为我国最大的修船基地。

259. 我国最大的远洋运输企业是哪一家?

成立于1961年的中国远洋运输公司,历经40多年的开拓和发展,已经成为一个以经营国际航运业务为主的国有特大型企业,是我国最大的航运企业集团。1993年,作为国家首批大型试点企业,中国远洋运输总公司与中国外轮代理总公司、中国汽车运输总公司、中国燃料供应总公司等共同组建了中国最大的航运企业集团——中国远洋运输总公司(中远)。现在,中远的船队航线已覆盖的国家和地区达170多个,挂靠港口达1200多个,每月由国内港口开出的航班有300班,集装箱年运量达到320万标准箱。它拥有各种类型的营运船舶约600多艘,今天的中远集团已经成为世界航运界举足轻重的全球承运人。

260. 当今世界最大集装箱港区在哪里?

美丽的青岛是我国著名的海滨旅游城市,也是太平洋西岸重要的港口城市。今天,青岛港的集装箱吞吐量已经位居中国港口前三位,但是,它仍旧致力于大力推动以港强市的长期发展战略目标。2009年青岛又投资36亿元,新增港口泊位8个,新增通过能力2448万吨、306万标准箱,将青岛的胶州湾打造成世界上最大的集装箱港区。到2010年青岛前湾保税港区也将正式封关运作,19个集装箱泊位将全部投入运营,年集装箱吞吐量预计可达 1150 万标箱,年进出口总额有望达到 430 亿美元。

青岛前湾集装箱港区一瞥

261. 近代中国第一家经营海上保险的公司是谁?

近代中国内忧外患,伤痕累累。由于当时封建社会的日趋衰落,西方列强依靠工业革命的成果,用船坚炮利打开了中国闭关锁国的大门。但是,大批仁人志士仍然能在忧患中奋起,开始审视世界发展的潮流,并主张依靠教育和实业救国,坚定地走上了奋起抗争、艰苦创业的道路。爱国思想家魏源在他的名著《海国图志》中,就首次把西方先进的保险思想介绍到我国,为萌芽中的我国保险业引来了启蒙的光芒。就在英国保险商即将侵入我国民族保险业市场的岌岌可危之时,1865 年 5 月 25 日,华商义和公司保险行在上海挂牌创立,开始经营海上保险业务。这是近代中国第一家经营海上保险业务的民族保险企业。

262. 近代中国海上保险业的发展情况如何？

自近代爱国思想家魏源在《海国图志》中首次传播西方保险思想，到中国第一家经营海上保险业务的民族保险企业——华商义和公司保险行的诞生，我国的民族保险业就进入了在困苦中挣扎和发展的阶段。随后，1875年12月，上海保险招商局成立；次年，招商局经营的仁和水险公司成立；再后来，济和船舶保险局也正式开业。1886年，两家保险公司又合并为仁济和水火保险公司，继续扩大经营海上船舶和货物的保险业务。在我国民族保险业发展的推动下，当时的清朝政府和后来的北洋政府还制定和颁布了保险业的法律、法令，这对民族保险业的生存和发展都起到了一定的保护作用。对于近代海上保险业的兴起，有人是这样形容的：中国的海上保险业就好像雨天的一把雨伞，为幼嫩的民族航运业和外贸实业擎起了一片蓝天；它是汪洋大海中的一方绿岛，为船东和货主带来了安详和宁静。

263. 我国最大的海上保险公司是哪一家？

1949年10月10日，伴随着新中国开国大典的喜悦气氛，中国人民保险公司在北京正式成立。随后，我国的保险业务也得到了迅速增长。在建国后短短的10年内，中国人民保险公司各项保险业务的总收入就达到16亿元。但是，自1958年至1979年，由于国内众所周知的政治原因，使中国人民保险公司的保险业务也被迫中断，直到1979年保险业务才重新恢复。我国的保险业务自重新恢复以后，以每年40%的速度递增。此后，中国人民保险公司又重新修订了船舶保险条款和海运货物保险条款以及公司章程,使海上保险业务日益与国际保险市场、保险惯例接轨,真正进入了高速发展阶段。中国人民保险公司为了适应保险业务发展的要求,还建立了再保险公司。目前,中国人民保险公司业务分支机构已经遍布世界各主要港口,与世界著名保险公司建立了业务代理关系,并跻身于世界大保险公司的行列。同时,它也是我国最大的经营海上保险业务的保险公司。

264. 远洋船舶是怎样援助坦赞铁路建设的?

在中国与非洲友好交往的历史上,中国人民援助建设的、连接坦桑尼亚和赞比亚的坦赞铁路是中非友好的结晶和见证人。在经济极其困难和技术落后的条件下,

援建坦赞铁路的设备等待装船

中国人民仍旧历时10余年,用自己的智慧和勤劳,援建了非洲大陆上的第一条交通大动脉。我国援建的坦赞铁

路不仅凝聚着广大铁路勘察设计者、建设者们、医疗服务和后勤保障人员的汗水,也饱含着新中国远洋事业开拓者的无私奉献。1969年6月27日,中国远洋运输公司广州分公司"九江"轮满载中国人民的深情厚谊,运载我国援建坦赞铁路的第一批19名勘探人员从黄埔港启航,驶往达累斯萨拉姆。此后的10年里,中国远洋运输公司无数次运载了援建坦赞铁路的人员和建设物资,出色地完成了各项任务,确保了坦赞铁路的顺利建成。

如今横卧在非洲大陆南部的坦赞铁路,就像一条熠熠闪烁的金项链一样将中非人民的友谊紧紧连在一起,给非洲人民带来了富裕和吉祥。新中国远洋职工无不为之自豪和骄傲。

265. 你知道新中国开辟南北海上航线的经过吗?

1961年中国远洋运输公司成立后,先后开辟了我国南方主要港口开往亚、非、欧及澳洲等航线。但由于当时航海条件的限制,纵贯我国沿海南北和太平洋西部的大循环,南北海上航线却一直未能开辟,它的确制约了我国对外贸易和航运业的发展。为解决这一难题,经国务院批准,1968年4月25日,中国远洋运输公司所属"黎明"轮从湛江港启航,开始了新中国的首次南北试航。"黎明"轮是沿南海诸岛外围航行,出巴拉巴海峡,绕菲律宾北端,进入太平洋;然后,再向东北航行,又转向日本海,经东海抵达青岛港;最后,"黎明"轮又沿原航线顺利地返回了湛江港。至此,我国沿海的南北航线正式贯通。

海洋航运

266. 我国最大的外轮代理企业是哪一个？

在繁华的港口和外轮经常抵达的泊位上，你会经常看到带有"PENAVICO"标志的工作人员、车辆等紧张忙碌地为外轮提供各种服务。"PENAVICO"到底是什么意思呢？它就是"人民航运公司"的英文缩写。自从新中国成立以后，人民航运公司由招商局起义的轮船和船员组建成立起来，其业务主要集中在航运业务和对外轮提供进出中国港口的各种服务。1953年1月1日，以"PENAVICO"为服务商标和标志的中国外轮代理公司在北京东黄城根17号正式成立。同时，在大连、上海、天津、青岛、广州、秦皇岛等6个港口城市也都建立了中国外轮代理分公司。40多年来，中国外轮代理公司逐步发展壮大，业务范围也日趋扩大。现在，它已在我国沿海、沿江的30多个港口城市建立了70多个业务机构，是我国最大的船舶代理企业，在世界航运界也享有盛誉。据国外权威评估机构评估，以"PENAVICO"为服务商标和标志的无形资产价值可达数十亿美元。

267. 我国船舶代理公司经营哪些业务？

船舶进出他国港口装卸货物、办理海关手续、船员证件处理和遣返、补充燃料和给养等事务都不是船公司自己办理的，而是由当地的国际船舶代理机构代为办理。正因为如此，大量远洋货轮频繁地进出他国港口的同时，也为当地的国际船舶代理业带来了生存和繁荣的机遇，并逐渐形成规模经营，还演变为国际航运业的惯例。这种惯例化、规范化服务的船舶代理业又促进了航运业的不断兴盛。我国的船舶代理业起步比较早,发展到今天,总体上已接近国际水平,是国际船舶代理市场的重要组成部分。

我国船舶代理公司主要经营的业务是:代理中外籍船舶、水上工程设施等在中国港口及有关水域的服务业务,包括船舶进出港、承揽进出口货物、办理租船、订舱、储运、代运、报关、船员和旅客往返以及国际多式联运等业务。改革开放后,我国船舶代理业发展迅猛,已为数以万计的中外船舶提供了全方位的代理服务,船舶代理的规模和水平已位居世界前列。我国形成了以中国外轮代理总公司系统为骨干力量,培育发展了中国船务代理有限公司、地方联合船代公司等,形成了多元化竞争、逐步开放的中国外轮代理市场发展的格局。

268. 什么是中国航运市场的"晴雨表"?

随着我国社会主义市场经济的深入发展,期货交易所和证券交易所应运而生,成为我国经济发展状况的"晴雨表",但你知道我国的航运市场也有自己的"晴雨表"吗? 它就是上海航运交易所。上海航运交易所经国务院批准,由交通部和上海市政府共同组建,于1996年11月28日正式鸣锣开市。它是我国第一个国家级水运交易市场,也是我国跨世纪的战略构想——建设上海国际航运中心的标志性机构。它的主要功能是规范航运市场交易行为,调节航运市场价格,沟通航运市场信息。它公布的运价信息有数万条,涉及国际主要航线15条,涵盖300多个港口;已买卖船舶逾百艘,合计近百万载重吨。1998

海洋航运

年4月13日,面向远东和世界航运市场的中国出口集装箱运价指数首次在上海航运交易所发布,它实现了中国海运运价指数零的突破。中国出口集装箱运价指数已日益成为中国乃至世界航运市场的"晴雨表"了。

269. 我国的集装箱船队有多大规模?

我国的集装箱运输虽然起步较晚,但发展的速度却很快。在短短20年的时间里,我国集装箱运输业走过了世界发达国家近半个世纪的历程,取得了骄人的成绩。以中远集团总公司为代表的我国集装箱船队的运输规模已跃居世界五强。中远集团总公司拥有以"鲁河"、"川河"、"中远宁波"、"中远汉堡"等多艘先进的集装箱船舶,载箱超过10000TEU,运输实力大大增强。现在正在建设中的第五代先进的集装箱船舶还有7艘。中国海运集团公司现也拥有规模可观的集装箱船队,中国海运集团公司将拥有可运载10000个标准箱的更先进的集装箱船舶,开辟的集装箱班轮航线达数十条。中国外运集团公司也是我国集装箱班轮运输市场的一支生力军,自己经营或租用的集装箱船舶航行于世界主要港口,为我国对外贸易的发展作出了重要贡献。另外,我国的台湾省也拥有世界知名的长荣航运公司、阳明海运股份公司等,它们同样是我国集装箱船队的重要组成部分。我国的香港、澳门等也有从事集装箱运输的专业公司,像香港船王包玉刚先生创建的大型船队、董氏父子创建并经营的东方海外航运公司等就是其中的突出代表。可以相信,在未来的国际航运竞争中,我国的集装箱船队和集装箱运输水平等都会在世界上居于重要的地位。

270. 我国集装箱运输是于何时开始的?

在20世纪30年代,从美国大西洋航运公司率先开展集装箱运输以来,国际集装箱运输发展迅猛,其发展速度和运输货物的种类远远超过了传统的散杂货物运输,集装箱运输日益成为世界大班轮公司航运竞争的主要领域。但我国的集装箱运输发展起步却很

集装箱堆场图

晚,新中国成立后,我国航运企业从租船运输开始发展航运业,当时,我国没有一艘集装箱专用船,只有靠租用外国船队的箱位或外籍船运送集装箱。1978年,中国远洋运输总公司开辟了我国第一条集装箱班轮航线——上海军工路码头到澳大利亚,中远所属的"平乡城"轮首航澳大利亚。当时,船上仅仅装载了200多个集装箱,运输规模还比较小,但它标志着我国国际集装箱班轮运输的开始,开创了我国海上国际集装箱班轮运输的新纪元。

271. 我国第一艘第五代集装箱船是何时投入商业运营的?

第五代集装箱船是当今国际上技术最先进、设备最优良的现代化船舶之一。目前,国际上只有少数几个大

集装箱班轮公司拥有第五代集装箱船,航运界还把是否拥有第五代集装箱船作为衡量集装箱班轮公司综合实力的重要标志。1997年1月11日,中国远洋运输总公司向日本川崎船厂订造的第一艘第五代集装箱船"鲁河"轮首航天津港,随后又正式投入中远集团经营的精品航线——美西航线从事商业营运。"鲁河"轮是我国第一艘

中远集团所属大型集装箱船

第五代集装箱船,它装备了国际上最先进的通讯、导航设备和电子海图,实现了微机集控的无人机舱,航速也大大提高,满载时可装5250个20尺标准集装箱。目前,中国远洋运输公司已拥有第五代集装箱船近20艘,中远集装箱运输能力一跃进入了世界的前五强。

272. 我国集装箱船队的发展现状如何?

1978年,中国远洋运输总公司开辟了我国第一条集装箱班轮航线——上海军工路码头到澳大利亚,从那时算起,我国集装箱运输业经历了30多年的发展,集装箱运输水平和集装箱船队的规模等均居于世界集装箱班轮

公司的领先地位。我国最大的中远集团集装箱船队已发展成为世界排名第五的船队,各类集装箱船舶160余艘,总箱位60多万标准集装箱,并拥有一批第四代、第五代先进集装箱船舶。目前,我国从事国际集装箱运输的船公司有146家,各类集装箱船舶达1000余艘,分布在国际干、支线和国内支线上,承担我国集装箱运输总量55％的份额。

273. 我国专用集装箱码头的建设情况如何?

现代化的集装箱运输船队必须有现代化的港口设施作为依托。我国改革开放以来,集装箱港口基础系统也初步建立起来,自天津港第一座集装箱专用码头建成,又先后建成了上海、青岛、天津、大连、厦门等一大批第三代、第四代集装箱专用码头,泊位水深在－10米～－17米,特别是深圳盐田港、宁波、青岛前湾港等

集装箱船靠泊码头作业中

港口建成了泊位水深在－12米～－17米的深水集装箱码头,可以接卸第五代以上超大型集装箱船舶。目前,我国有50余个港口从事集装箱装卸业务,集装箱专用码头泊位260个,各类集装箱装卸公司100余家,吞吐能力近亿万标准集装箱。这些专用码头均配备了世界一流的大

型集装箱装卸桥,大型集装箱龙门吊260余台。随着我国对外贸易的迅猛发展,我国专用集装箱码头的建设还将进入一个快速发展的新阶段。

274. 我国海上救助打捞业发展状况如何?

航运事业是一项高风险的行业,航运业的发展必然离不开海上救助打捞业的支持,海上救助打捞业是航运支持保障系统中的重要组成部分。改革开放以来,我国的海上救助打捞业取得了长足进展。目前设有烟台、上海和广州救捞局,各类救捞船舶162艘,其中包括15300千瓦的远洋救助拖轮、2500吨吊力的起重船和3200总吨的自航救捞船。海上救助打捞从近洋扩展到了远洋,从传统的沉船打捞拓展到快速海上整体救助打捞,从单一的船舶海上救助打捞发展到海空立体搜救打捞。20年来,我国各海上救助打捞单位共救助各类遇险船舶2016艘,其中外轮358艘,打捞沉船600余艘,共救助遇险人员20328人,其中外籍人员3427人,并多次完成其他应急抢险救助打捞任务,为保障海上运输和科研活动的安全,创造了良好的海上环境和强有力的安全保障。我国海上救助打捞业已成为世界上颇具实力的海上救助打捞力量。

275. 我国现在的远洋运输实力怎样?

新中国成立后,我国积极发展远洋运输事业,为进出口贸易服务。特别是改革开放以来,我国外贸运输船队从弱到强,从落后到先进,从大量租船发展到拥有大型国有船队,在国际海运界的地位举足轻重。自1989年起,我国连续四届当选为联合国海事组织A类理事国,成为

我国拥有的大型半潜船

世界上名副其实的航运大国。船队规模位居世界前列。我国远洋运输船舶可抵达160多个国家和地区的600多个港口。我国已形成了以中国远洋运输(集团)总公司、中国海运集团总公司、中国外运(集团)总公司为主力的国家船队和地方船队相结合的远洋运输体系,是国际航运界一支重要的力量。

276. 我国远洋船队的船舶结构如何?

一个国家远洋船队的船舶结构和船舶状况,是评价其航运实力和地位的重要指标。随着国际海运船队的不断发展壮大,我国远洋船队的船舶结构也适应国际贸易的发展,发生了巨大变化。从船型单一、吨位较小的散杂货船队发展成一支拥有多种类型船舶、船队年龄等优化的混合船队。除拥有散杂货船外,我国远洋船队还拥有大量的全集装箱船、多用途船、子母船、木材船、油轮、液化气船、冷藏船、客轮、滚装船、载驳船等类型齐全、技术先进、适应能力强的船舶,多种类型、船队年龄等优化的混合船队不仅充分满足了我国对外贸易发展的需要,也适应了国际航运市场的要求,大大提高了我国船队参与国际航运市场竞争的能力,对国际航运市场产生了很大影响。

277. 目前我国船队规模位居世界第几位?

　　航运事业作为交通运输的重要组成部分,具有其他运输方式不可替代的特殊地位和重要作用。航运业现已担负着我国87%的对外贸易运输任务和45.8%的全国货物周转量,而且它在运输总量中所占的比重仍在继续提高。因此,一个国家的船队规模在很大程度上反映该国的经济发展实力。20世纪60年代,我国刚成立第一支远洋运输船队时,仅有船舶20多艘,20多万载重吨。现在,我国船队总规模已跃居世界第三位,海员总数达38万人,是国际海事组织的8个A类理事国之一。

278. 目前我国造船量位居世界第几位?

　　我国目前已发展成为世界第三大造船国,船舶总产

我国自行建造的特种船

量约占全世界产量的19％。据统计显示，1999年中国船舶集团公司、中国船舶重工集团公司等新接造船订单360艘，价值650亿元。而位于世界前两位的造船国是日本和韩国。

279. 中国最大的船用曲轴是哪里制造的？

曲轴作为船用发动机的关键部件，被誉为船用柴油机的"心脏"，对船舶的安全起着至关重要的作用。大型船用曲轴要求与船舶寿命相等，占发动机总造价的三分之一，但中国造船业几十年来却一直缺少这颗"中国心"。由于曲轴的重量大，加工精度、制造技术难度高，因而业内通常把是否具备曲轴制造能力，看作是一个国家的"造船工业水平"。

我国最大船用曲轴下线

过去一直是日本、韩国、西班牙等少数几个国家高度垄断着国际大型船用曲轴市场。于2009年，我国大连重工起重集团研制和生产出国内最大的船用曲轴——90型曲轴成功下线（曲轴长为15.7米，重198吨），并顺利通过了国际权威船级社船检认证。这标志着我国在大型船用曲轴国产化研制上已经具备世界一流水平，有助于我国造船业整体水平的显著提升。

海洋航运

280. 我国船舶检验机构的现状如何？

我国船舶检验的法定机构是中国船级社,它主要是负责船舶检验、核发船检证书、海上设施和设备、部件及材料的认可和产品检验、航运公司质量保证体系认证以及中国船级社与国际船级社的合作交流等。中国船级社已成为颇具实力的国际型船级社。中国船级社还对新型、高性能的船舶进行检验,确保了新造船的市场占有率。中国船级社的新提案和新船研究成果屡屡得到国际海事组织和国际船级社协会的认可,这极大地巩固了我国航运大国的国际地位。中国船级社的业务网络和业务范围仍在日趋扩展,遍及全球各主要港口。中国船级社连续实现了加入国际船级社协会、建立质量体系并获得国际认证和出任国际船级社协会主席等跳跃式发展的三步,赢得了国际船级社的普遍尊重。

281. 我国海事局的主要职能有哪些？

同世界沿海国家一样,我国依据国家主权的原则,建立了水上安全监督管理机构,完善了水上安全监督管理体制。我国在沿海地区、长江流域等设立了17个直属海事局,各水运地区也建立了26个海事局,形成了一支与水上运输相配套的专业执法和管理队伍。我国海事局的主要职责是,行使国家水上安全监督和防止船舶污染、船舶检验、船员适任评估、考试、发证、海上设施检验、航海保障、海事调查和行政处理等。水上安全监督管理机构是我国行使水上安全监督管理的行政执法机关。

282. 我国航运业开放的标志性事件有哪些?

十一届三中全会后,我国改革开放的步伐逐步加快,我国的航运业也加快了对外开放的步伐。1984年我国批准第一家外国航运公司班轮挂靠我国港口。1985年批准了第一家中外合资国际航运企业和第一家中外合资国内航运企业。1986年批准了第一家外国航运公司在华设立代表处。1994年又批准了第一家外国航运公司在华设立独资船务公司。这些都是我国航运业开放的标志性事件。

283. 我国班轮航运市场的开放格局是怎样的?

自1984年我国批准第一家外国航运公司班轮挂靠我国港口开始,我国班轮航运市场的开放步伐逐步加快。初步形成了国有班轮公司和国外班轮公司平等竞争、合作发展,开放领域逐步扩大,并基本符合世界贸易组织要求的对外开放的新格局。外国航运公司在华设立独资子公司、分公司和代表处,有近百家外资班轮公司的船舶挂靠我国港口,由外资班轮公司经营的航线近1000条。

284. 我国最大的航海院校是哪一所?

大连海事大学是我国最大、最优秀的高等航海学府,也是亚洲最大的一所航海院校。它是交通部所属的一所以海上运输学科为主,包括理、工、文、法和经济类的多学科大学,是航海类的全国重点大学,位于美丽的海滨城市——大连市的凌水桥。1953年3月,国家交通部决定将上海航务学院迁往大连并同东北航海学院合并,成立

海洋航运

大连海事大学所属实习船"育龙"号

了大连海运学院。于1994年2月,更名为大连海事大学。现在学校共设8个学院,其中以航海、轮机学院为主,历届毕业学生已达2万余人。一批批"海之娇子"正是从这里开始了航海的征程,成长为未来的航海家的。大连海事大学也因此被称为中国"航海家的摇篮"。

285. 世界第一所海上大学是何时建立的?

世界著名的中国航运业巨子、已故的董浩云先生创办的海上大学"宇宙学府",于1989年首航上海,是世界上第一所海上可移动的大学。

美籍华人董浩云先生一生热衷教育事业,提倡"读万卷书,行万里路"。1972年,他专门购置了一艘万吨级客轮,并命名为"宇宙学府"号,与美国匹兹堡大学协力创办了这所非牟利性质的海上大学,开辟了崭新的国际教育方式。这所海上大学一年分春秋两个学期,每学期招收各国正在就读的400名～500名大学生,远航世界100天左右,访问世界各国,实地考察社会经济、历史文化、风土人情,以补充书本之不足,增加实际知识。18年来,共有1.5万名来自世界各国500多所大专院校的学生参加了海上大学的学习。1986年,我国上海交通大学也有6名学生登轮学习。

286. 你知道我国最大吨位的海上浮式生产储油装置吗?

海上的石油平台、石油开采、远距离海上运输等等,这一切都是如何完成的呢?实际上,使用海上浮式生产储油装置是当今世界海上石油开采、加工、储藏、外运设施的主流形式,也是世界各大型造船厂竞相研发的重点产品,也体现了一个国家海上石油服务的整体实力。我国自行设计制造的最大吨位海上浮式生产储油装置——"海洋石油113"号,已经于2004年2月18日在上海外高桥造船有限公司建成下水。这一具有国际一流水准的海上浮式生产储油装置,吨位为17万吨级。它的成功建成标志着我国海上浮式生产储油装置的建造水平已跨入世界先进行列。

"海洋石油113"号总长287.4米,型宽51米(世界上最长的300米,最宽的75米),型深20.6米,为双底双壳结构,有10个货油舱,总储油量达100万桶,自重为4万吨。它集原油处理、储存、外输为一体,由中国海洋石油总公司配套用于渤海浅海水域渤中25-1油田的作业。它长期停泊在渤海中部的25-1油田海域,将石油平台开采出的原油输送到储油轮上的生产工艺区间内进行加工并储存;随后,再通过专门的系统将原油输送到穿梭运输的油轮上,完成原油的外输作业。

287. 我国的新"十大名船"都是谁？

人们对"十大明星"、"十大歌手"之类的评选活动已经耳熟能详了，可你听说过对"十大名船"的评选吗？2009年5月，由国家国防科工委、交通部等14个单位共同组织了"中国十大名船"的评选活动。本次评选十大名船的条件，必须是由我国自行设计建造，能代表我国船舶工业不同历史时期的典型创新成果，并具有我国船舶工业发展史上的里程碑意义。

我国自行设计建造的大型散货船

这新十大名船分别是：我国第一艘自行设计建造的万吨级远洋船——"东风"号，它集中体现了当时我国船舶设计和制造水平；我国第一代导弹驱逐舰——"济南"号，它实现了我国驱逐舰从仿制到自行研制的跨越；我国第一艘多功能远洋综合调查船——"向阳红10"号，它是我国载有直升机、能在全球所有海区航行的船舶；我国第一艘按国际标准建造的出口船舶——"长城"轮，它开创了中国船舶出口的新纪元；我国第一代弹道导弹核潜艇，它是我国海军装备建设的一次战略性突破；我国第一艘自行设计建造的浮式生产储油船——"渤海友谊"号，它是世界上首次将浮式生产储油船用于有冰的海域，是海洋工程领域标志性产品；我国新型常规潜艇，它集中了我国舰艇武器装备科研最新成果；我国第二代导弹驱逐舰——"哈尔滨"舰，它代表了我国水面舰船武器装备20世纪90年代初的最高水准，实现了中国海军首访大洋彼岸；被誉为"海上科学城"的我国航天测控船——"远望3"号，具有对卫星、飞船、潜地导弹等进行指挥、控制、测量的功能，它的建成使我国成为世界上第四个航天测控技术大国；我国第一艘30万吨级超大型原油船——"德尔瓦"号，它达到了当今国际先进水平，实现了我国超大型原油船建造零的突破。

288. 我国建造的最大吨位的油轮是哪一艘？

自近代洋务运动以来，中国就开始了造船工业，造船技术和能力也日臻成熟。那么，今天我国制造的最大吨位油轮有多大，它到底是哪一艘船呢？在2008年10月27日这一天，新的一项中国造船纪录在上海诞生了！31.8万载重吨的超级原油轮"华山"号建成下水，成为我国迄今为止建造的最大吨位的原油轮。

身形巨大的"华山"号油轮是由上海外高桥造船公司为新加坡海洋油船有限公司建造的，船长333米，型宽60米，设计吃水21米，续航力约29000海里。它也是目前世界上建成的第一艘能全面满足国际共同规范的载重吨最

巨型油轮——"华山"号

大、款式最新的超级油轮,各项指标和设计均达到了绿色环保的要求。这标志着我国在高技术、高附加值、大吨位油轮开发和建造方面又跃上了一个新台阶。

289. 你知道我国的大吨位活鱼运输船吗?

我国幅员辽阔,海岸线绵长,盛产有各种海珍品及美味鱼类。但水产资源的地域分布并不均匀,南方和北方差异很大。如何将南方的水产品快速运送到北方,让北方人也能分享到南方的鲜活鱼类,长期以来人们一直在努力探索着。过去都是使用吨位不大的运鱼船从事南北运输,规模和效益等均不够理想。近年来,福建省泉州市自行设计改装的国内第一艘大运量温控活鱼运输船——"闽狮鱼F259"号,在泉州后渚港下水运营。从此,福建省养殖户生产的活鱼可通过该船运到北方销售,实现"南鱼北调"的梦想。

该艘活鱼运输船的全长63米,型宽9.2米,型深4.2

米,活鱼舱面积 600 平方米,可装运活鱼 30 吨～60 吨,每年可运输活鱼 2000 多吨,保温运输时间可长达 200 小时以上。该运输船设置了冬天导热加温和夏天制冷降温功能,采用船体隔热保温、水体闭式循环、水质过滤净化处理、增氧系统等技术,使活鱼在水路运输中不受季节性、区域性、水温、水质和外界气候环境条件的影响,实现了高密度鲜活水产品远程水路运输,并保证存活率 99% 以上的效果。

290. 世界第一艘游艇专用运输船是哪里制造的?

荷兰 DOCKWISE 公司是目前世界上最大的多用途海洋重型设备运输公司。受该公司委托,由中新合资烟台莱佛士船业有限公司承担建造了世界上第一艘游艇专用运输船,专门用于跨大西洋的豪华游艇的运输。

我国建造的游艇专用船

该船总长 209.34 米、宽 32.2 米、吃水深 5.8 米、下潜

海洋航运

最大吃水22米、总载重量12500吨。该船采用主机发电、电力推进,电动螺旋桨功率达到5100千瓦,设计航速18节。该船所具有的庞大的压载系统达到了世界领先水平。这一半潜式游艇运输船是首次由我国造船厂承担建造,也填补了我国该型船舶种类的空白。

291. 我国有自主建造的无人机舱船舶吗?

现代船舶技术正日益朝着无人机舱的船舶方向发展。无人机舱船舶是将与船舶驾驶相关的动力系统、电子操控系统等集中设置在集控室内,是船舶智能化心脏。无人机舱的船舶建造代表着造船业的先进水平,也是航运企业运输实力的综合体现。早在1978年,由我国上海船舶修造厂为中波轮船公司建造出了我国第一艘无人机舱船舶——"鲁班"轮。该轮是一艘16000载重吨多用途货船,随后制造出与它同类型的无人机舱船舶还有"张衡"、"华佗"、"屈原"等3艘。

海洋航运

航运业务趣谈

海洋航运

292. 船舶也有国籍吗？

世界上大多数居民都具有一定的国籍。航行于世界各地的远洋船舶是否也像人一样拥有国籍呢？回答是肯定的,船舶也有国籍,即船舶国籍。船舶于一国港口依法在国家船舶登记管理机关进行登记,取得船舶国籍证书或登记证书,即合法取得悬挂登记国国旗的权利,并取得该国的国籍。一个国家对悬挂其国旗的船舶享有法律管辖权。我国的远洋船舶多数在我国登记入籍,悬挂五星红旗,受我国法律保护。

293. 船舶可以任意悬挂国旗吗？

在繁忙的港口码头上,你会发现许多悬挂五颜六色国旗的大型船舶正忙碌着进出港口,或正在靠泊作业。五颜六色的国旗构成了港口一道亮丽的风景线。人们不禁会问船舶可以任意悬挂国旗吗？其实从事国际海上运输工作的船员和业务管理人员都知道,船舶悬挂国旗是有严格的法律规定的,不可以任意悬挂。一艘船舶在一个国家依法登记取得船籍后,方才取得悬挂该国国旗的权利,但不得悬挂非船舶登记国

航行中的海军舰艇

的国旗,否则会受到国旗国的制裁和处罚。我国的远洋船舶多数在我国登记入籍,只能悬挂我国的国旗——五星红旗。我国海商法和世界多数国家的法律都规定,对悬挂非登记国国旗的船舶进行处罚,采取强制措施,以维护本国国旗的尊严。因此,船舶悬挂国旗是一件严肃和守法的行为。

294. 我国的远洋船舶只能悬挂五星红旗吗?

远洋船舶经登记后取得国籍,才可悬挂登记国的国旗。我国的远洋船舶大多数为国有大中型航运企业所有和使用,在我国进行船舶登记,只能悬挂五星红旗。为在国际航运市场上灵活机动地经营,有效地回避经营风险,按照国际惯例,我国也有一部分远洋船舶在其他国家进行了船舶登记,悬挂的是他国的国旗。这种做法也符合国际惯例,并不违法。因此,我国的远洋船舶并非只能悬挂五星红旗。

295. 为什么要挂方便旗?

一个国家的船舶,在本国以外的其他国进行登记取得国籍后,悬挂他国国旗,以表明其船籍归属。该船所挂的旗就属于方便旗,也受船旗国的管辖和保护。随着国际航运市场的周期性波动,船舶所有人的经营风险日趋加大,为隐匿船舶所有权,或规避纳税,节省营运成本,一些船舶所有人开始改挂他国的国旗。一些小国如巴拿马、利比里亚等,为了自己的利益而为他船登记大开方便之门。于是,悬挂方便旗的船舶急速增加,巴拿马、利比里亚国旗也飘扬于世界各国港口。悬挂方便旗是国际航运市场的一种特殊现象,是国际航运市场自由化的体现。

296. 远洋船舶悬挂国旗有哪些规定?

远洋船舶航行于世界各地,按照国际公约的有关规定,船舶必须悬挂国旗以表明船舶的国籍,国旗应悬挂在船尾旗杆或桅斜杆上。在航行或进出港口必须悬挂国旗时,国旗的悬挂时间为:日出时升旗,日落时降旗。当船舶航行在两极海域时,冬天应在能看得到的情况下升降国旗。国旗是一个国家的主权象征,当遇到重大外事活动或重大丧事时,船舶国旗应按照船旗国法律和国际惯例的规定,举行向国旗致敬和国旗致哀仪式。

297. 国际航行的船舶是怎样悬挂信号旗的?

国际航行的船舶除悬挂国旗、公司旗、领袖旗外,还按照公约和法律的规定,在不同的地区和时间悬挂不同的信号旗。国际信号旗是由26个字母旗、10面数字旗、3面代旗和1面回答旗组成。它每套有40面,旗面呈红、黄、蓝、白、黑等五种颜色,是国际航行船舶的主要通讯工具,用来表示各种信息和交通含义。比如,在船舶开航前,应悬挂字母旗"P",表示船舶即将航行,所有人员应立即回船;当船舶起锚或离开码头时,应将字母旗"P"降下。若需要引航员引领船舶,则应悬挂字母旗"G";引航员登上船舶后,再改挂字母旗"H";当引航员离开船舶时,再将字母旗"H"降下来。当船舶驶入港口国的引航水域之前,应将到达港口国的国旗挂起,并悬挂公司旗。在船舶停泊时,也应按照规定升挂港口国的国旗。

298. 船舶挂满彩旗是怎么回事？

国际航行船舶的五颜六色的信号旗就是船舶交往的信号和语言，它用不同的信号旗表达其特有的信息和喜

船舶挂满节日彩旗

怒哀乐。当我国的"五一"劳动节和国庆节到来的时候，停泊在我国港口或航行在我国水域的国内外船舶均要按照国际惯例，从船首旗杆、桅顶直至船尾旗杆全部由国际信号旗连接起来，悬挂满信号旗，而在桅顶上还要悬挂国旗。此时的船舶就像浓妆艳抹的少女一样，到处流光溢彩，美丽迷人。

299. 什么是航行权？

航行权就是船舶在海上航行的权利。任何船舶如果已在一个国家依法进行了登记，就可以在公海无阻碍地自由航行，它只服从于船旗国的法律。但是，船舶在不同的海域，其航行的权利也各有差别。沿海国对其领海和管辖海域享有完全的主权，在领海和管辖海域内，只有本国的船舶才享有完整的航行权。为了国际航行的方便，

海洋航运

沿海国也都给予外国商船在其领海和管辖海域内无害通过的权利。外国船舶在无害通过时,只能在沿海国指定的航道上航行,航行时还必须遵守沿海国的有关法律规定。因此,航行权既体现了沿海国的主权尊严,也反映了国际航运关系的对等性。

300. 海上拖航有什么作用?

海上拖航不同于承运货物的远洋运输活动,它主要是由海上拖航船舶为遇险、遇难的船舶等提供救助和拖带服务,将遇险船舶拖带到安全的地方,从而获得服务报酬。海上拖航属于海上有偿互利的商业活动。海上拖航受到各沿海国的重视,已经构成了海上救助打捞服务的重要支柱。海上拖航能力也是衡量一个海上救助打捞公

航行中的拖轮

司综合实力的重要指标。我国的海上救助打捞业在开展海上救助打捞服务的同时,也致力于发展海上拖航业,支持和服务于海上救助打捞业务,为被救助打捞方提供整体的优质服务。1991年10月17日至11月2日,交通部所属的烟台救助打捞局"烟救13"轮首航俄罗斯纳霍德卡港,为该局远洋拖航开辟了一条新的航线。

301. 外国航运公司在我国享有哪些待遇?

根据我国加入世界贸易组织的安排和我国改革开放

的总体战略部署,我国航运市场实行了有步骤、逐步对外开放的政策,外国航运公司在我国的航运市场上也得到了充分的市场准入和平等的市场待遇。第一,外国航运公司可以从事我国开放港口至国外港口的国际海上运输;第二,经批准并符合法定条件,可以组建中外合资的船公司,经营沿海运输和内河运输;第三,经批准可以在我国境内设立常驻代表机构;第四,外国船公司也可以在我国设立独资船务公司等。

302. 船员是一种什么样的职业?

一提到船员,人们也许会立即想到那两鬓斑白的老船长和敢与大海拼搏的年轻水手,其实船员包括了很多种类。通常人们把在船上担任一定职务,从事或参与该船业务的人员统称为船员。它主要包括船长、驾驶员、水手、轮机长、轮机员、机工、厨师、服务员等。一般人认为船员可以周游世界,领略异国风情,赚取外汇和享受本国海关的免税优惠等待遇,其实船员更重要的是肩负着保证船舶航行安全、防止本船污染海洋环境的神圣使命,而且随着船员多国化的趋势,船员又成为促进各国民间交流的友好使者,船员的形象代表着一个国家的形象。因此,要想成为一名船员不仅必须经过专业训练,掌握职责范围内的操作规程,严格执行岗位责任制,并要有对特殊情况应变的能力,而且还应该掌握必要的礼节,了解各国的习俗等。船员的行为受到国际海事组织、船旗国和港口国的共同关注,船员的工资待遇也受到国际劳动组织和国际运输工人联合会的关注。所以说,船员职业受到

海洋航运

如此的重视也是由船员工作的重要性决定的。世界贸易大部分是通过船舶运输来完成的,而船员正是担任着船舶运输这一伟大的历史使命。

303. 船员应该具有哪些素质？

船员是一种高尚的职业,有很多人梦想成为一名乘风破浪的航海家,但并不是每一个人的梦想都能实现。因为,要想成为一名合格的船员需要具备多方面的素质。首先,船员应该具有健康的体魄和旺盛的精力,符合国家的船员体检标准,具有敏捷的思维和良好的记忆力,有对海上艰苦环

船员在驾驶船舶

境的适应力和乐观精神,胆大、果敢、心细,善于沉着冷静地处理各种海上意外紧急事件,具备绝境求生的信心和毅力。其次,船员应具有敬业爱岗精神,为船东着想的忠诚感,为雇主提供优质服务的雇员意识,为祖国和民族争光的主人翁精神,为人类生存而保护海洋环境的使命感。最后,船员还应熟练掌握专业知识和职责范围内的操作规程,并且有通过外语进行交流的能力。因此,如果同学们要想成为一名与风浪搏击的航海家,就应从以上各方面完善自己,只有这样梦想才能实现。

304. 长期在海上工作使船员心理状态有什么变化?

提起船员,许多人会立刻想到与狂风恶浪作搏斗的那些壮烈场面,心中会油然而生一种对船员职业的向往之情。其实和陆地生活的丰富多彩相比,海上生活要显得枯燥单调多了。船舶远洋航行少则几天,多则数月,船员每天面对的是一望无际的大海,活动在一个十分有限的空间里,反复面对的是那几张同样的脸;加上通信手段和条件的限制,使得船员很难经常与家人沟通,所得的信息也十分有限,甚至会产生与世隔绝的感觉。这就会使船员生活有所变化。此外,随着海上生活的连续延伸,容易使人情绪烦躁不安,容易激动。长期的机器噪音又会使人感到乏力、头昏,听力下降和精神疲劳;船舶的振动和摇晃将不同程度地使人感到头晕、恶心、劳累等,这也是使船员心理状态发生变化的因素。不过,这些影响因素还是可以克服的。合理和科学的身心调节是最有效的方法。如果你的理想是做一名海员,那就一定要从小就注意锻炼自己的心理承受能力,培养与困难作斗争的勇气,使自己具有坚忍不拔的毅力,肯于吃苦的精神,只有这样才能胜任海员的工作。

305. "海员"这个称呼在中国是怎样产生的?

在轮船上工作的人,不论是当船长、轮机长的,还是水手、机匠、服务员都称为海员。那么"海员"这个名称,是怎么来的呢?

19世纪中叶以前,我国水上交通运输工具主要是木帆船。当时,人们把在木帆船上工作的人称为"船主"、

海洋航运

"船老大"、"撑船人"、"摇橹的"、"船工"等。经过1840年和1856年的两次鸦片战争,西方列强打开了中国的大门。外国资本家为了倾销商品,获得高额利润,凭借不平等条约,在通商口岸设立轮船公司,兴办航运业,辟建码头、仓库和船厂。他们需要大量的劳动力,而当时沿海港口失业的木帆船船工、渔民、手工业者和流入城市的农民,为了寻找生计,便到外国轮船上做苦工。对这些最早在外轮上做工的中国人,各地对他们的称呼并不一样,如香港、广州称"行船仔",江浙一带称"水夫";而在船上又按照各人所做的工种来称呼,如侍应生叫"西崽",生火的叫"烧火"或"烧火佬",厨师叫"火头"。这些称谓,带有贬义,不容易为人们所接受,很难普及。当时在外国轮船上工作的中国人,比任何其他职业的工人都苦。他们受狂风大浪的侵害,稍有不慎,就会有生命危险。因此,船工们希望能团结在一起,组织一个互助互救、同舟共济的福利团体。1914年底,工作在"俄国皇后"号的中国船员活跃分子吴渭池,适应中国工友们的要求,组织成立了"公益社",并发动船员一致签名致信"亚洲皇后"、"日本皇后"、"满提高"等轮,号召中国工友成立公益社。1915年春,"满提高"轮船员活动分子陈炳生等人,响应"俄国皇后"轮的号召,准备成立公益社。但在起草章程时,有些工友认为"公益社"这个名称,显示不出中国"行船仔"组织的团体。于是决定仿效欧美国家对在轮船上工作的人,无论是高职的船长、轮机长、大副还是低职的水手、生火、侍应生都统称"海员",成立了"中华海员公益社"。陈炳生等还在该轮上设立"中华海员中医救济所",作为公益社社务的一部分。他们还在日本横滨设立"中华海员公益社通讯处"。随后,凡有中国船员的外国轮船上,都成立了"中华海员公益社"。后来,在吴渭池、陈炳生等人的组织下,于1917年秋又成立了"中华海员慈善会"。"海员"这个称呼受中国工友的欢迎,被广泛引用,很快便普及成为海内外对在海船上工作人员的通称了。

306. 船长的职责是什么?

船长是船舶领导人,负责驾驶和管理船舶。由于其工作环境的特殊性所决定,船长被赋予了特殊的至高无上的权利。那么,船长的权利与职务都有哪些呢?船长

中国船长与外国客人交谈

主要是在公司领导下全面负责船舶的安全生产、经营管理、航行工作、行政管理、应变指挥等。一般要求在船舶上做18个月的大副才能考船长。他在工作上应该严格要求船员,在生活上应该热忱关心船员,在船舶发生严重的海难事故时,应积极组织全船人员全力抢救,当抢救无效时应果断地下达弃船命令,并组织船员有秩序地弃船,

海洋航运

同时还应销毁秘密文件,携带国旗、航海日志等重要物品,他本人是最后一个离船的人,这些都是一个船长被赋予的最基本的职责。

307. 船舶上的船员分成几个部门?

提到船长、大副、水手等船员,大家可能非常熟悉。可是,一条远洋轮船上可不只是这些人,还有很多非常重要却不被大家所熟悉的人,这就涉及了船员的部门划分的问题。通常船舶上把船员总共分成三个部门:甲板部、轮机部、事务部。这三个部门既各负其责,又相互协调,共同保证船舶的安全航行。

308. 轮机部各船员的职能是怎样划分的?

船上的轮机部是负责全船的机械动力设备,它的行政领导人是轮机长,同时轮机长还是技术总负责人。在他的领导下,通过轮机部全部人员的努力工作,保证所有动力机械设备正常运转。大管轮一般是在每天的凌晨4点到8点及下午的16点到18点值班,并且具体负责船舶主动力设备、舵机以及船舶冰库的制冷机和所有机器所用的滑油等;二管轮一般是在每天的零点到凌晨4点及下午的12点到16点值班,并且具体负责船舶的发电动力装置、造水装置以及船舶加装燃油等工作;三管轮一般是在每天的上午8点到12点及晚上20点到零点值班,并且具体负责船舶空调装置、锅炉、液压起货机及各种运送液体的泵等工作;机匠则是配合各轮机员值班及修理各种机械设备等工作。这就是轮机部各业务职能的划分了。

309. 甲板部各船员的职能是怎样划分的？

船上的甲板部是负责船舶营运和船舶驾驶的部门，它主要进行各种业务联系、货物的装配、船舶安全航行和船体的保养工作等。甲板部的最高领导是大副，他是船长的主要助手，一般每天的凌晨4点到8点及下午的4点到8点值班。他除了航行值班并协助船长搞好安全航行外，还在船长和政委领导下全面负责甲板部工作，主管货物装卸运输和甲板部的维修保养等工作。二副一般是在每天的零点到凌晨4点及下午的12点到16点值班，并且在开航前按船长的指示备妥要用的国旗和航海图书资料，划好航线，而且还要负责航海图书资料的管理、改正等工作。三副一般是在每天的上午8点到12点及晚上20点到零点值班，并且负责管理救生艇、救生圈、救生衣及其备品的检查、清洁、保养、更换淡水和食品等工作，还要管理全船救生消防设备和器材等。

310. 从船员升为船长需要多长时间？

如果你的理想是成为一名船长，那么首先应该发奋学习，在高中毕业之后考入一所高等航海院校，经过大学四年或者三年系统的专业学习，再通过海事局的全国统一考试，之后到船上就可以做一名水手了。经过18个月的风浪洗礼之后，再到船上做一名三副，24个月之后，再到船上做二副。经过12个月的二副经历考大副，在做完18个月大副之后，才可以考船长。只有通过海事局组织的全国船长考试，你才有可能成为一名真正的船长。这样算来，如果一切顺利的话，从一名船员升为一名真正的船长,至少需要6年以上的时间。

311. 每一位船员都能成为船长吗?

也许你的梦想是先做一名船员,经过几年的奋斗,最终成为一名令人美慕和尊敬的船长。然而,即使你能成为一名船员,但你并不一定能成为船长。这主要是因为,按目前国家的有关规定,只有船舶上甲板部的船员具有航海大专学历,经过努力,通过海事局有关的规定考试才可以晋升船长,而轮机部的船员是不能升任船长的。现代的航海院校也划分成航海、轮机专业。如果你是学习轮机专业的,在毕业之后,并且通过海事局的全国统一考试,到船上做一名机匠。经过18个月的海上实践之后,就可以晋升为一名三管轮。再经过18个月的工作之后,就可以晋升为二管轮了。如果在船上再工作12个月,就有资格参加国家海事局组织的全国大管轮考试,如果考试通过,再在船上工作18个月,并且经过国家海事局组织的全国轮机长考试,你就能晋升到轮机部的最高级别——轮机长,作为轮机部的船员奋斗的目标也就实现了。

现代船舶鸟瞰图

312. 我国的远洋船舶上是否配备过女船员?

在一般人的印象中,远洋船员是男性公民的职业,那里是清一色男子汉的世界,哪会有女性船员呢?其实,这种判断是不全面的。在新中国航运史上,确实在远洋船舶上配备过女船员。1976年7月26日,经交通部正式批准,中国远洋运输公司广州分公司的12名女船员就登上了"辽阳"轮,开始担任船员职务。这是新中国远洋船舶配备的第一批女船员。后来,由于种种原因,我国远洋船舶上配备女船员的工作中断了。直到2000年,经国家教育部批准,上海海运学院又恢复招收了18名女船员学生。可以相信,我国远洋船舶上再现女船员飒爽英姿的日子已经指日可待了。

313. 我国海员参加过国际海员运动会吗?

我国海员具有光荣的革命传统。自从中华全国海员工会成立后,中国海员就积极地参加国际海员组织的各种有益活动,充分展示了新中国海员的精神风采。1983年3月,国际海员运动会在法国地中海沿岸的美丽港口城市——马塞举行。按照上级指示和中华全国海员工会的统一安排,上海远洋运输公司所属"清河城"轮全体船员代表中国海员参加了这次运动会。在运动会期间,经过全体船员的齐心努力,在参加的7个比赛项目中,荣获金杯1个、金牌和铜牌各1枚。这是新中国海员第一次参加的国际海员体育运动会。

314. 远洋船舶运输的货物有哪些种类?

远洋船舶承运的货物五花八门,种类繁多,货物的性

海洋航运

质和要求、规格、包装、危险性也相差悬殊。要安全快速地完成外贸货物的运输任务,提高船舶舱容利用率,就必须对货物进行必要的分类,并了解货物的特性和运输要求。

远洋运输的货物按其性质可分为:危险货物、清洁货物、扬尘易污货物、流体货物、冷藏货物、气味货物、超长超重货物、贵重货物、易碎货物、活动物等。货物按其运输要求还可分为:包装货物、裸装货物以及液散货物等。

目前,集装箱船舶运输的货物大部分为可包装、单件成组的货物。而大型散货船舶主要运输的是裸装货物,特种用途的船舶则用于运输流体货物、冷藏货物、超长超重货物和活动物等。

315. 船载货物都必须装在甲板下的货舱内吗?

从事远洋运输的船舶,其甲板下的货舱是货物存储、

巨轮远航雄姿

积载和安全运输的特定场所,船载货物一般都应装在甲板下的货舱内。但由于超长、超重货物难以存放于货舱内或属于危险货物不能与其他货物存储、积载在一个货舱内,客观上要求一些特殊的货物只能存储、积载在船舶的甲板上,习惯上将这些货物称为甲板货或舱面货。在很长的时间内,甲板货未被视为通常的货物,由此引起的风险和损失全部由货方承担,船方不承担任何责任,正因为如此,也限制了甲板货的运输。但随着货物贸易种类的扩展和船舶运输安全性的提高,货物运输符合法定条件的,也可以装载于船舶的甲板上。我国海商法规定:托运人协议愿将货物装载于船舶的甲板上、根据法律和航运惯例应装载于船舶的甲板上的货物,可依法装载于船舶的甲板上。甲板货具有特殊的运输风险,属于特殊的货物,在安排运输时应格外谨慎,特殊对待。

316. 海上承运人的基本法律义务是什么?

在海运发展史上,历经近一个世纪的协调和平衡,国际公约对海上承运人的法律义务才作出了基本规定。即:承运人谨慎处理,使从事海上运输的船舶适航,妥善配备船员、装备船舶和配备各种供应品,使货舱、冷藏舱和其他载货处所能适于并安全接收、运载和保管货物。概括地说就是:谨慎处理保证船舶适航,妥善管理货物,合理速遣,不得不合理绕航。这是目前的国际公约对海上承运人的最基本的要求。如果一个海上承运人违反了上述基本义务,它将承担法律责任。

317. 什么是船舶引航权？

船舶引航权是一个国家对进出本国港口的外国船舶实行强制引航的权力。国家实行引航的目的在于保障港口和船舶的安全，维护国家的主权。因此，外国船舶不得自行进港或在港内航行、移泊等。依据船舶引航权的法律规定，执行船舶引航职务的引航员应是本国籍公民，外国公民不得担任船舶引航员。世界上大多数国家都实行强制引航制度，这是国家主权和尊严的具体体现。但近代中国历史上，屡遭列强的入侵和瓜分，我国的船舶引航权长期被外国人把持，祖国的主权严重地遭到践踏。新中国成立后，我国才收回了引航权，维护了国家主权。目前，行使国家引航权的引航员全部是中华人民共和国公民，成功地为进出我国港口的中外船舶引航。

318. 船长对引航的船舶有没有管理权？

船长是船舶的最高行政长官，负有全面指挥和管理船舶的职责，在海上航行中，船员应绝对服从船长的指挥。但当船舶进出港口时，引航员就会根据强制引航制度的规定，登轮履行引领船舶的职务了。此时，在指挥和管理船舶的职务活动中，引航员与船长会发生冲突吗？实际上是不会发生冲突的，因为引航员登轮履行引领船舶的职务并不能减轻或推卸船长指挥和管理船舶的责任。当引航员引领过失造成船舶碰撞等损害事故时，引航员仅负技术上的责任，而不负民事法律责任。世界上只有巴拿马等极少数国家规定引航员负有一定的民事责任。因此，引航员引领船舶时，船长应更谨慎严格地指挥和管理船舶,确保船舶安全进出港口。

319. 所有船舶的法律地位一样吗?

从国际公约和多数国家的海商法来看,执行政府公务和军事目的的船舶因为其从事运输活动的性质和目的具有特殊性,不具有商业赢利的性质;而一般的商船从事的是商业运输活动,是以赢利为目的的,两者的法律性质完全不同。因此,执行政府公务和军事目的的船舶不适用海商法或一般海事法,而从事远洋运输的商船则完全受海商法或一般海事法的规范、调整。对于执行政府公务和军事目的的船舶应该具有什么特定法律地位,主要是依据该船舶参与活动的具体内容和性质等具体确定。

320. 海上共同海损制度有什么特殊性?

船舶在海上航行中会遇到船货俱损的危险,不得不有意采取避险措施,但对陆上和海上共同危险的处理后果却截然不同。海上共同海损制度是海上特有的一种法律制度和处理海上风险的方式。它是指在海上航程中,船舶、货物和其他财产遭遇共同危险时,为了共同安全,有意而合理地采取

发生海损事故的巨轮

措施所直接产生的特殊牺牲和支付的特殊费用。船舶、货物和其他财产遭遇共同危险时,船长有权根据决定抛

海洋航运

弃货物、用海水灭火、强行搁浅、进行临时修理等,这都会造成特殊牺牲和支付特殊费用。这些牺牲和费用在经过艰苦细致的理算后,由获救保全下来的船舶、货物以及应得的运费等按照比例分摊。也就是说,共同海损支付的费用由受益者分摊。

321. 海上损失是否由受益人分摊?

人们生活在陆地上发生的各种各样的意外事故和损失一般都由自己承担,这就像一个人自己的房屋发生意外火灾,付之一炬的惨重损失只好由房东独吞恶果了。在海上运输过程中也难免发生船舶和货物的意外损失,这些损失多数也同陆上发生的损害一样,只能由船舶所有人(船东)或货物所有人独自承担。但有一种情形可以由各受益人一起分摊,那就是当海上发生船货共同危险

快航中的特种船

时,为了共同的安全,不得不采取必要措施的费用、牺牲等,才可以由受益者一起擎起危难的负担。也就是说,只有共同海损发生时,才由受益人分摊。这与陆地上的损

失承担制度有着本质的区别。

322. 货主能否得到海损的全额赔偿？

传统的航海活动是一项"海上冒险"事业，海上运输所面临的自然风险是陆地上运输所无法比拟的。经营海上运输的船舶所有人经常面临着船货俱亡的悲惨结局，如果这一海上风险全部由船舶所有人承担，显然有失公平，因此在古罗马时代的《海事法汇编》中就有了海事赔偿责任限制制度的萌芽。后来，随着航运业的不断发展，海事赔偿责任限制制度主要集中为船舶所有人责任限制。到20世纪，海事赔偿责任限制制度的内容和相关法律制度才基本上确立起来。这一制度是指当重大海难事故发生时，作为事故责任人的船舶所有人、船舶经营人和承租人以及船舶保险人等，可以依据法律的规定，将自己的赔偿责任限制在一定的范围内，并不需要按照事故损失的全额进行赔偿。这一制度充分考虑到了海上风险的特殊性，有利于保障海上运输的发展，也符合公平合理的原则，同时也能激励海上保险业和救助业发展。海事赔偿责任限制制度是海上运输领域特有的一项法律制度，这与陆地上一般民事活动过错损害全部赔偿的民事法律制度是截然不同的。

323. "阿莫科·卡迪兹"海难对救助业产生了什么影响？

1978年3月16日，在英吉利海峡发生了迄今为止人类历史上最大的海上油污事件。当时，利比里亚籍超大型油轮"阿莫科·卡迪兹"号在航行过程中，因舵机失灵而搁浅在法国西海岸布列塔尼附近的礁石上，船上运载的23万吨原油溢出,给英吉利海峡和法国沿海地带造成了严重污染,使法国的海水养殖业、旅游业和海上交通等诸多产业造成了无法估量的经济损失和环境潜在损害。"阿莫科·卡迪兹"号油污事故发生当时,太平洋拖轮曾积极投入了营救,但在要求签订海难救助合同时,油船的船长却予以拒绝,等到美国的船舶所有人电报同意实施救助时,大好的救助时机已经完全丧失,大量的原油已从断裂的船舱内溢出。"阿莫科·卡迪兹"号油污事故给国际航运界一次巨大的震动,促使人们思考海上油污发生所引起的一系列问题,传统的海上救助制度已不能解决油污救助的关键问题,促使国际海事组织于1989年召开大会通过了《1989年国际救助公约》。在《1989年国际救助公约》中明确了在油污发生时,船长有直接代表船东和货方等签订救助合同的权力,在救助方施救油轮无效果时,也可以给予合理的特殊补偿,从而基本确立起新的救助油轮的法律制度,极大地促进了海上救助业的健康发展,也有利于维护海洋环境。

324. 救助海上油污的船舶能否得到救助报酬?

在《1989年国际救助公约》诞生以前,发生油污事故的船舶与承运其他货物的船舶一样,具有同等的法律地位,均可以成为救助的对象,当救助结束时,可以按照救助合同的约定,实行"无效果,无报酬"。如果救助方救助作业成功了,就可以获得相应的救助报酬。但大量的油污事故的救助,因为救助作业的特殊风险和作业的困难等,往往难以完全取得救助作业成功,也就不能获得报酬。正因为这一制度的限制，就出现了油污事故发生后救助公司不愿实施救助，放任油污蔓延，造成了海洋环境极大破坏的现象。而《1989年国际救助公约》打破了油

海难立体救助

污事故救助"无效果，无报酬"的传统原则，它鼓励救助公司积极救助发生油污的船舶。在这个公约中主要增设了救助油污船舶的特别补偿条款。那就是，当油污发生，并对环境构成威胁时，救助方进行了救助，但未取得救助财产和环境的效果，在救助人的报酬少于支出的费用时，可获得相当于支出费用的特别补偿。如果救助方进行了救助，防止或减轻了环境污染，救助方还可以获得所花费用的130%～200%的特别补偿。救助海上油污的船舶即使未能取得效果，不能得到救助报酬，也可以从挽救海洋环境的努力中获得特别补偿，这也是对积极勤勉的救助人的一种奖赏，体现了救助海上油污船舶的法律制度的进步和人类对保护海洋环境的高度重视。

325. 船舶在海上救助人命应获得报酬吗？

船舶在海上航行中有时会遭遇严重的自然灾害，船和货都将面临极大的危险，有时船上的船员会被汹涌的

狂涛打落海中,船长会向救助公司紧急求救。而救助公司在经过积极的营救,使船舶和船员安全脱险后,可否要求给予报酬呢？长期以来,航运界普遍认为,救助人命是救助公司或者其他船舶的法定义务,具有严格的强制性,专业从事救助作业的救助公司和可以救助遇险人员的船舶都必须积极抢救人命,不能要求和取得报酬,如果不积极救助人命,就要承担法律责任,甚至判刑坐牢。这些规定都订入了各国的海商法和有关的国际公约,为国际社会普遍认同。这实际上充分体现了人的生存和价值,应该受到的国际保护,是人性光芒的闪射。

而在《1989年国际救助公约》中考虑到人命救助的特殊风险和支出,又规定了在确定救助船舶等财产的报酬时,应考虑到救助方在救助人命时所表现的技能和做的努力,但这仅仅是一个参考的因素,而决不是直接支付救助人命的报酬。

326. 海上救助作业仅仅限于救助船舶吗？

很长时间以来,国际海上救助的对象是受到严格限制的,也是特定的,它仅仅包括海船和内河船以及船上的财产,而其他类型的船舶和水上财产就不是国际海上救助的对象了,也就不能按照海上救助作业和有关的海上救助法律来处理。进入20世纪90年代以后,人类在海上活动的领域急剧扩大,固守传统的海上救助对象已不合时宜,许多其他的财产也迫切要求实施救助作业。新的救助公约和法律都进一步扩大了救助作业的对象,这些可救助的海上或水上财产远远超出了海船和内河船以及船上的财产的范围了,它主要包括:搁浅船、弃船、沉船、海上固定式、浮动式平台、水上飞机、水上钻井装置、浮船坞、浮筒、航标、渔船、渔具,乃至坠落在海中的卫星或其他财产等。国际海上救助的对象非常宽泛,财产种类之多更令人惊奇!国际海上救助对象的扩大,既扩大了救助公司的业务领域,增加了无限商机,又充分保护了海上的各种财产。真是一件互利互惠的好事!

327. 世界上第一张海上货运保险单出现于何时?

人类社会的航海活动和海上保险活动是在社会生产

船舶营运需要保险的保障

力发展,商业贸易活动频繁的巨擘推动下产生的。在文艺复兴时期的地中海,意大利社会经济日益发达,高风险的航海冒险活动也已经发展到一定规模,在这片古老而富有商业文化气息的土地上孕育、催生了世界上第一张海上货物运输保险单。那是在1384年3月24日,在意大利比萨签订的一份运送货物的保险单上,明确写着:货物

海洋航运

在海上运送中的"海上灾害、天灾、火灾、王子的拘禁、捕获"等均属于承保危险,保险单上印有老虎的标志,也称老虎保险单。它是目前发现的第一张具有现代意义的海上货物运输保险单,反映了文艺复兴时期的地中海意大利航海活动和海上保险活动的状况。

328. 世界最大的海上保险业市场是怎样兴起的?

18世纪以来,英国伦敦日益成为世界上最大、最具实力的海上保险业市场,直到今天,英国伦敦仍是世界航运业和海上保险业的核心,英国的保险法和劳氏标准格式保险单在全世界得到广泛应用。但谁也不会想到这个世界最大的海上保险业市场竟是从爱德华·劳埃德开办的咖啡馆开始的。17世纪后期,爱德华·劳埃德开办了一家劳埃德咖啡馆,每当夜幕降临的时候,忙碌了一天的商人们便不约而同地相聚在这家咖啡馆。经营船舶的船东、海上保险人、货主、航运经纪人等边品尝咖啡,边讨论着海上航运的种种趣事。他们都为海上运输面临的风险而担心,苦苦探索共同避免海上风险的方法。为扩大影响和吸引更多的顾客,1696年,劳埃德在咖啡馆里出版了一份小报——《劳埃德新闻》(周三刊),每期都刊登航运和海上保险业务的内容,引导商人们处理航运业务中出现的各种棘手的问题。很快,劳埃德开办的咖啡馆就成了伦敦个体保险商和保险经纪人的商业俱乐部。随着保险业的发展,1774年,劳埃德开办的咖啡馆迁入英国伦敦皇家交易所,并创立了劳埃德保险协会,专营海上保险业务。随后,仿效劳埃德保险协会,英国伦敦出现了20多家船东互保协会,海上保险业市场出现了前所未有的繁荣,最终奠定了英国伦敦在国际海上保险业中的霸主地位。

329. 船东互保协会和商业性保险公司一样吗?

纵观世界保险业的起源和发展历程,不难发现保险业最早起源于经营船舶的船东们自发建立起来的行业自保组织——船东互保协会,但现代海上保险业诞生后,行业自保性的船东互保协会就与商业性的保险公司分道扬镳,各自明显区分开来了。船东互保协会是由入会的船东组成的,船东按照船东互保协会章程的规定,交纳保费,享受互保的权利,它是一个行业自保互济、非盈利性的行业组织。船东互保协会承保的船舶风险主要是海上特有的,而不为商业性保险公司承保的风险、损失等。船东互保协会保赔保险与商业性保险公司的保险不存在保险的重复或冲突,它具有会员制、保费低、提供咨询服务和其他保险服务等优点。因此,它是一种特殊的保险组织形式,不能将船东互保协会和商业性保险公司等同对待。1984年1月1日,我国由中远各公司入会组建的中国船东互保协会成立,后经中国船东互保协会对保险条款修改,协会管理接近于国际水平,大部分国轮都参加了中国船东互保协会。我国船东互保协会是我国海上保险市场的重要组成部分,起到了保护国有船舶的营运,化解风险的作用。

330. 船舶投保后遇险都能获得保险赔偿吗?

从事远洋运输的船舶价值高、风险大,为安全经营和

海洋航运

船舶遇险倾覆

回避外来风险,船公司一般都与保险公司签订保险合同,办理船舶定期或航次保险。船舶定期或航次保险合同是一种双务有偿的合同,具有法律约束力。

已经办理定期或航次保险合同的船舶只有符合法律和保险合同的规定时,保险公司才给予赔偿。那么,这些条件又是什么呢?它们主要是船舶发生的风险必须在保险合同有效期内;船舶发生的风险必须是保险合同列明或约定的风险,超出保险范围的不予赔偿;保险索赔的证据文件等齐全;保险事故不属于保险人除外责任等等。只有具备了上述所有条件,船舶才能得到保险赔偿。因此,并不是船舶投保了就万事大吉,高枕无忧了。保险后的船舶并不是在任何时候任何情形下都能获得保险赔偿。

331. 哪些船舶和货物的损失不予赔偿?

直到今天保险业都有一个共同之处,那就是承保要有先决条件。根据海上保险法律和保险合同以及保险业国际惯例,海上保险人一般对以下船舶和货物的损失不予赔偿:①被保险船舶开航时不适航的;②被保险人的故意或重大过失行为造成的损失;③船舶或货物的自然损耗;④货物自身固有缺陷和自然特性等引起的损失;⑤保险合同中未特别约定的特殊风险,如战争、罢工、核损害等。

332. 海上保险合同是否带有赌博色彩?

当人们连续数年为远洋运输的船舶和进出口的货物办理保险,按照保险公司规定交纳巨额保险费时,人们不禁会反问:保险公司收取的保险费是如何确定的?投保数年船舶和货物也没有发生过损害事故,自己是否太不合算等等。从理论上讲,保险公司收取的保险费是根据

远洋巨轮航行中

大数法则综合测算确定出来的,本身就具有一种模糊性。对一个具体的海上船舶或货物保险合同,船方或货方交付的保险费与事故发生后保险公司的赔偿数额之间不是完全等价交换的,不像买卖货物那样货款体现了货物的价值,完全等价交换。也就是说,保险公司以小额保险费

支付船舶或货物的巨额保险赔偿,显然带有赌博色彩。然而,所幸的是,船舶或货物发生保险事故的概率很低,在海上保险繁荣的情形下,大量的船舶或货物保险合同的收入,又冲淡了海上保险合同的赌博色彩。同时,保险法律确立了保险利益的基本原则,只保护享有保险利益的被保险人获得保险赔偿。将保险赔偿严格限制在一定范围内。因此,海上保险合同带有赌博色彩是客观的,但是人们更应辩证、全面地看待海上保险的特殊性质,不能将海上船舶或货物保险合同与赌博等同起来。

333. 在海上抢救风险产生的费用由谁来承担?

在海上运输过程中,难以避免会发生船舶或货物面临巨大风险,甚至酿成损害事故。面对海上的风险和突如其来的事故,作为船东和货物所有人是放任自流,置风险于不顾,让船舶或货物毁于一旦,还是奋起救助,尽全力抢救船舶或货物呢?即使仅从道德的要求出发,作为船舶主人的船东和货物所有人也应该奋起救助,尽全力抢救船舶或货物。法律的强制要求正好也与此完全一致,它要求作为被保险人的船东和货物所有人的货主应尽全力抢救船舶或货物。更使人欣慰的是,法律还明确规定,因抢救船舶或货物支付的费用由保险公司支付赔偿,以鼓励人们积极抢救船舶或货物。这样一来,既可以避免保险货物和船舶的损失扩大,也能避免社会道德的沦丧。而且因抢救船舶或货物支付的费用赔偿也不包括在船舶和货物损失的赔偿数额内,这种赔偿是独立的,因此能极大地鼓励被保险人的抢救行为。

334. "托雷·卡尼翁"号油污事故是怎样促进国际油污损害立法的？

人类社会总是在不断总结发展的沉痛教训中，不断进步，走向文明，国际油污损害立法活动就是生动的明证。各国经济的繁荣发展带来了海上原油运输的无限商机，但最初人们对航行在海洋上的数十万吨的庞然大物可能给人类带来什么灾难并不十分清楚，也不十分关心。因此，制止海上石油污染，保护海洋环境的立法也很缓慢。直到"托雷·卡尼翁"号石油污染事故的发生，才使人们从侥幸和漠然中猛醒过来，开始加快考虑国际油污损害立法的步伐。1967年3月18日，利比里亚籍油轮"托雷·卡尼翁"号在英吉利海峡触礁，船体断裂，船上载有12万吨原油，约6万余吨溢入大海，造成了英国南海岸、法国北海岸和荷兰西海岸大面积污染。为减轻污染和损害，英国派出飞机将船舶残骸炸沉，使海上原油燃烧，"托雷·卡尼翁"号油污事故最终造成损失约1500万美元，但油污受害人仅仅得到了20%的损害赔偿。这一骇人听闻的惨痛事故警示人们应该怎样使沿岸国干预油污船舶，如何充分保障油污受害人得到足额赔偿。国际组织于1969年在布

油轮沉没中

鲁塞尔召开了海上油污法律会议,会上通过了《国际干预公海油污事件公约》和《国际油污损害民事责任公约》,公约中强制规定油轮船舶所有人必须设立油污赔偿基金才能享受赔偿责任限制。油污赔偿基金由法院等主管当局保管,确保油污损害赔偿的足额赔付。这两个公约基本奠定了国际油污损害赔偿的法律基石。

335.外国船舶能从事我国沿海运输和拖航吗?

每当你漫步在繁忙的海港,目睹悬挂五颜六色国旗的船舶进出港口时,你是否产生过这样的疑问:这些穿梭往来的船舶从事的是国际海上运输还是我国沿海港口之间的运输呢?根据我国法律的规定,我国港口之间的沿海运输和拖航,只能由悬挂中华人民共和国国旗的船舶经营。没有经过国家交通主管部门的批准,任何外国船舶都不得从事我国沿海运输和拖航业务。这是国际上沿海国家通行的惯例,是保护本国航运事业,维护国家主权和尊严的一个重要组成部分。所以,未经批准的外国船舶是不能从事我国沿海运输和拖航的。

336.外国船舶在我国领海实施救助作业是否享有优先权?

当航行在我国领海的船舶、货物或人员遇险,要求实施救助时,是否任何国家的船舶都可以参与救助呢?按照国际法规定,在发生上述情况时,只有悬挂中华人民共和国国旗的船舶才依法享有实施救助作业的优先权,外国船舶不享有救助作业优先权。外国船舶按照国际法和国际惯例,仅享有无害通过权。在外国船舶要派遣船舶进入我国领海救助遇难船舶、货物或人员时,必须预先经过我国主管机关的批准。

337. 国际航行的船舶应具备哪些证书和文件?

在国际海上航行中,对于船舶管理的要求十分严格,仅船舶上的证书和文件就十分复杂。比如,航行于国际航线的船舶必须具备相应的船舶证书,用以证明船舶国籍、所有权、技术规范和营运状况等。主要证书有:船舶国籍证书、船舶检验证书或船舶适航证书、船舶吨位证书、船舶载重线证书、船舶设备安全和构造安全证书、无线电报或电话证书、船舶等级证书、船舶额定乘员证书等。

另外,船舶上还必须具备的主要随船文件是:航海日志、轮机日志、无线电日志、航行签证簿、船员名册、油类记录簿等。也就是说,只有具备了上述证书和文件的船舶,才具备了在海上航行的基本条件,船舶才是适航的。

338. 为什么说船舶不是人却像人?

船舶是从事海上货物运输的重要交通工具,是可以浮动的固定资产,但无论什么原因也不会将船舶和普通人等同起来。那为什么说船舶不是人却又像人呢?这主要是由于船舶的特殊性决定了它的"身份"、"人格"的特殊性。在长期的航运实践中,各国都赋予船舶许多权利,这些权利使得船舶具有和普通人一样的特征,也就是具有拟人化的一些权利。其一,船舶像人一样具有自己的名字,即船名;其二,船舶同人一样具有船籍和国籍;其三,船舶像人一样也具有年龄,即船龄;其四,船舶像人一样可以具有权利和行为能力,可以实施一定行为;其五,船舶可以像人一样被扣押或逮捕;其六,在英美国家船舶还可以成为诉讼中的被告人呢。如此等等,不正说明船舶不是人却又像人吗?

339. "埃克森·瓦尔迪兹"号油污事故与美国立法有什么关系?

美国是当今世界石油市场进出口大国,他拥有世界顶尖级大石油公司——美国埃克森石油公司。1989年3月24日,埃克森石油公司的"埃克森·瓦尔迪兹"号油轮在美国阿拉斯加威廉王子海湾搁浅,溢出原油38160立方米,溢油污染面积达8000平方千米,使1609千米的海岸线遭到污染,这是美国历史上最大的油污事故。埃克森石油公司支付了20亿美元的油污清理费用,油污受害人向其提出了索赔额达7亿美元的民事诉讼。一向以注重保护海洋环境著称的美国人从"埃克森·瓦尔迪兹"号油污事故中看到了船舶油污对海洋环境的巨大威胁,这大大地促使美国加快了反油污的立法步伐,随后,《1990年油污法》诞生。可以说,正是由于"埃克森·瓦尔迪兹"号油污事故才催生了美国油污法的问世。

340. "泰坦尼克"号悲剧唤醒了什么?

看过电影《泰坦尼克》的人,仍对"泰坦尼克"号的悲剧发生时的恐怖心存余悸,而主人公的缠绵爱情故事,生死离别的悲壮,更为"泰坦尼克"号悲剧涂上了浓重的悲剧色彩。"泰坦尼克"号是1912年英国白星轮船公司建造的大型豪华远洋客轮,总吨位46328吨,航速22节。

"泰坦尼克"号

1912年4月10日,"泰坦尼克"号载客1300多人,船员885人,从英国南安普敦港启航,首航美国纽约。4月14日,当航行到北大西洋北部时,忽视了冰山情报,导致船体与冰山相撞,船舱大量进水,15日,"泰坦尼克"号沉没在茫茫的大西洋。虽经积极援救,救起了713人,但"泰坦尼克"号的悲剧仍造成1500多人葬身冰海。这是人类社会迄今为止最大的海难之一。"泰坦尼克"号的悲剧极大地唤起了国际社会对海上人命安全的深切关注,在"泰坦尼克"号的悲剧发生后的第二年,即1913年国际上就召开了首次海上人命安全国际会议,并于1914年签订了第一个国际海上人命安全公约。可以说,是"泰坦尼克"号的悲剧惊醒了世界各国人民,促使海上运输安全法律立法加快了步伐。

341. 海上航行船舶和人命安全的崇高目标是什么?

当人类社会还处于发展初期时,人们就开始向往蔚蓝色的大海,憧憬大海彼岸的富饶和迷人,航海活动应运而生,早期的贸易和航运交流也开展起来了。而当海上运输日益繁忙,宁静的大海失去了往日的风采,各种船舶穿梭往来,巨型油轮游弋其中,浩淼的大海变得拥挤不堪,海上油污严重破坏了海洋环境,船舶碰撞等海难事故时有发生,人们为苦苦追求航运繁荣而付出了沉重的代价,现代的人们在迷惑和茫然之中,又开始了苦苦探求两者协调发展的道路。

  1912年4月15日的"泰坦尼克"号的悲剧骤然震醒了国际航运界,海上航行安全和人命安全再也不能漠视了,世界各国于1914年签订了第一个国际海上人命安全公约,旨在保护人命安全。如今是航运现代化和信息化的时代,航行的安全依然严峻,国际航运界又制订了专门的船舶安全管理和防污染的规则,简称ISM规则,它是将ISO9000系列国际质量管理体系与航运法律有机结合,构成了国际海上人命安全公约的一部分。船舶安全管理和防污染的规则规定了船舶航行的基本要求、基本操作规程、船长职责、船岸有效联系、紧急事件处理等方案,以突出保护船舶和海洋环境,高举起了"航行更安全,海洋更清洁"的大旗。"航行更安全,海洋更清洁"是人类社会历经迷惑和茫然,苦苦探求航运海洋协调发展道路而得出的珍贵结论,也是海上航行船舶和生命安全的崇高目标,高扬了人性和文明的大旗,折射出航运事业的发展和进步。

342. 国际海上拖航有哪些方式?

  国际海上拖航作业是一种特殊而重要的海上商业活

动,与海上货物运输和海上救助一样是不可或缺的。目前,国际海上拖航主要有两种方式:一种是为无自航能力的船舶、驳船、艇筏等提供航行的动力,拖带驳船、艇筏等航行,将货物等运送到指定的码头。像人们在沿海、大河入海口等处常看到的大船与后面的船筏首尾相连,拖带航行的情形,构成了江海上独特的风景。这种海上拖航作业的真正目的在于辅助他船等完成货物运输的任务,进而赚取运输报酬。另一种海上拖航方式是当遇险船舶

拖轮在港内作业中

被救助后,由救助船将被救助船拖带到安全地点。在海上实施的救助拖航因为被救助船舶大多失去了航行能力,海况复杂,其危险度很大,稍有不慎就会使救助作业前功尽弃。因此,后一种海上拖航作业是由专业海上救助公司在进行的,其他公司难以完成这一特殊任务。而前一种拖航作业可以由专业海上救助公司完成,也可以由其他运输公司来进行。

343. 在港内拖助船舶靠泊也是海上拖航行动吗？

每当装载数万吨进出口货物的船舶驶入港口，准备靠泊装卸货物的时候，船上驾驶员总是忙碌着通过高频电话与围在巨轮周围的小船联系，并指挥船员带缆系绳，随后小船开始开足马力或拖拉，或顶推，逐渐使巨轮慢慢靠泊到码头上。每天发生在港口内的这一幕幕情景就是拖轮拖助船舶靠泊或离泊的作业。

拖轮马力和形体都小于远洋船舶，但远洋巨轮却离不开它。因为，通常港口水域拥挤不堪，远洋巨轮形体庞大，转向、移动十分困难，拖轮恰好能发挥它的独特作用，可以十分灵便、快速地拖助船舶靠泊或离泊的作业，帮助巨轮安全顺利地结束航程或开始航程。

鸟瞰黄埔江上船舶

拖轮拖助作业的海域一般是本国的内水或领海，各国根据主权的原则，规定本国港口的拖轮作业只能由本国拖轮进行,他国不能从事拖轮拖助作业。我国港口内的拖轮拖助作业也只能由悬挂五星红旗的拖轮完成。拖轮拖助作业也是一项商业性活动,受益方还要按规定支付拖轮服务费。拖轮虽小,可作用是巨大的。

344. 世界最大的租船市场在哪里?

国际航运市场上的许多船舶都是需要运输货物的货主从拥有船舶的船公司那里租来的,租船运货就如同买卖货物一样平常和频繁。需要运输货物的货主、拥有船舶的船公司、租船经纪人和船舶等组成了具有特殊商业规则的租船市场。它们的粉墨登场,各尽所能,为租船市场平添了一些鲜活的色彩。目前,世界上最大的租船市场是位于伦敦的波罗的海交易所。波罗的海交易所也称波罗的海商业和航运交易所,它最早起源于17世纪劳埃德开办的咖啡馆,后又合并发展成波罗的海商业和航运交易所。起初,波罗的海商业和航运交易所主要从事牛脂买卖和谷物买卖。1869年苏伊士运河通航,船舶租赁业务蒸蒸日上,货物贸易也取得了骄人的成绩,船货交易齐头并进。现在,世界租船量的绝大部分还是通过波罗的海商业和航运交易所成交的。波罗的海商业和航运交易所实行的是英籍会员制,交易费用低廉,并培育了大量的熟悉租船业务商业规则的经纪人,服务于租船交易。

345. 为什么说波罗的海运费指数是国际航运市场的晴雨表?

经济学常识告诉人们:在运输领域,运费高低反映了运输市场的供求状况,影响并决定运输双方的获益和对市场采取的态度。面对随时波动的运费指数曲线,运输双方常常是几多欢喜,几多忧愁。世界上林林总总的货物运输指数有近百种,可唯独有波罗的海运费指数受到全世界人们的热切关注。

波罗的海运费指数是由全球最大的租船交易市场和货物贸易市场——波罗的海商业和航运交易所编制、发布的,它采集、容纳了世界绝大部分航运交易的行情、信息情报。波罗的海商业和航运交易所的会员制和交易的公正、低廉、高效,也确保了航运交易行为的公正、公平,最大限度地反映出航运市场船货各方的供求状况。它起源于17世纪劳埃德咖啡馆商业俱乐部,历久弥醇,商业传统和文化氛围更为波罗的海商业和航运交易所和波罗的海运费指数增添了迷人的魅力。这就是波罗的海运费指数为世界各国所关注、青睐的原因。

置身于国际航运市场和货物买卖市场,人们的思路和业务发展决策总是为波罗的海运费指数缠绕,那一张张跳动的运费指数曲线图,引导着人们选择进或退,是守还是攻。如果你从事航运租船或货物买卖交易,你就无法回避那张总是波动着的神秘曲线图——波罗的海运费指数。

346. 波罗的海航运市场为国际租船业作了哪些贡献?

国际租船业务十分复杂,其特有的商务游戏规则令局外人望而却步,就是从业熟手也难逃游戏规则的惩罚。早年英国凭借日不落帝国的扩张,以波罗的海商业和航运交易所为核心的波罗的海航运市场为全球的租船业务提供了专业经纪人和代理人,苦心设计出了各种不同类型的租船标准合同。这些租船标准合同有:波罗的海国际航运公会通用杂货运输租约、波罗的海国际航运公会德国煤炭运输租约、波罗的海国际航运公会矿运航次租船合同、波罗的海国际航运公会木材运输租约、波罗的海国际航运公会定期租船合约、波罗的海和白海航运公会煤炭运输租约等等,多达数十种。租船标准合同的推广应用,推动了国际航运业的发展,也减少了交易成本和纠纷。

波罗的海航运市场和各航运公会组织还精心组织编辑出版租船、航运等报刊,提供航运业务和法律咨询,协调海事争议等。虽然它只是民间性航运商业交易场所,但它却独具魅力,至今仍全方位服务于国际航运市场。

347. 美国海岸警卫队是一个军事队伍吗?

美国海岸警卫队是一支非常特别的队伍,也是美国国家系统的组成部分。有人认为美国海岸警卫队是一支执行军事任务的军队,也有人认为美国海岸警卫队是纯粹的海上行政执法组织。它究竟属于什么性质呢?不妨让我们看看美国海岸警卫队的发展经

美国海岸警卫队立体执勤

历:美国海岸警卫队成立于1790年,起初负责海上缉私,隶属美国财政部领导。后来到第二次世界大战结束前,它受美国海军司令部领导。直到1967年,美国海岸警卫队才改属美国运输部领导,它的职责和任务也更加明确:负责保护海洋环境、对船舶、船员发证和审查、进行船舶检验、检查船舶救生和消防设备、提供海洋气象服务、保护国家安全等。由此不难看出,美国海岸警卫队从成立至今,兼有海上行政执法和军事任务的职能,保持战时的应变能力,但它主要是一个海上行政执法组织,基本上类似于中国的海事局。

348. 船舶属于"浮动的国土"吗?

在我国的文学作品中,常把从事远洋运输、远航异国他乡的船舶比作"浮动的国土",这一说法准确吗?"浮动的国土"顾名思义是指国家领土的浮动部分。旧的传统

货轮运送货物

学说认为,公有船舶,包括军舰等和船旗国管辖、保护下

的私营船舶是国家领土的浮动部分。但现在,旧的传统学说几乎被完全否定了,军事船舶进入他国领海,必须获得批准,它的活动受到严格限制。而私营商船在商业运输活动中,也常受到沿海国等的登临检查,也会因政治、外交、军事等原因遭受捕获或扣押,甚至强制拍卖出售等,如果认为船舶是浮动的国土,就会大大限制他国的权力,也损害了沿海国家的主权。所以,无论如何,远洋船舶只是一个国家特殊的国有或私有财产,而不能说是国土。因此,不能简单地将远洋船舶视为浮动的国土。在文学作品中运用拟人、夸张等手法,将远洋船舶比喻为浮动的国土,这是文学创作的需要。但它仅仅描述了船舶与船旗国的密切关系,不能与法律意义上的国土相联系。

349. 海浪会造成远洋货轮碰撞吗?

远洋船舶在茫茫的大海上航行时常会遭遇狂风恶浪的冲击,力量巨大的海浪往往会把船上的设备打入大海,或打坏船舶外壳等。有一种海浪十分特殊,后果也十分可怕,它会冲击船舶,使船舶连锁碰撞靠近的其他船舶或码头设施。在航海活动中,这种特殊的海浪是由于船舶航行中违反航行、避碰规则,航行速度过快或驾驶操纵不当而引起的。它会强烈地冲击附近的其他船舶与码头设施,造成船舶的损害。尽管船舶之间并没有实际接触和碰撞,但通常仍把这种由海浪引起的浪损视为碰撞,引发浪损的船舶还应承担船舶碰撞的法律责任。

350. 远洋货轮可以改为军舰吗?

大千世界多有如此奇特有趣的现象:作为同类的人

或物,其职能和任务角色会发生互换,彼此之间难以区分开来。同属船舶的远洋货轮和执行军事任务的军舰,在战争紧急状态或国家需要它们转换角色时,会发生重大变化,导致角色的彻底转变。原本从事商业运输的远洋货轮可以改作执行军事任务的军舰,这种转换和识别船舶性质的关键表现在:远洋货轮营运的目的在于商业盈利性,而执行军事任务的目的在于军事安全和非盈利性;远洋货轮的权益受海事法律的保护,而军舰的权益受军事法律保护;远洋货轮登记、编号是依据商船规则,而军舰的登记、编队等依据舰队规则;远洋货轮船长的产生由海上安全监督机构和船公司决定,而军舰的舰长是由军事领导机关任命;远洋货轮改作军舰,必须在军舰的外壳等显要位置表明它的军事身份,明确它的军事职务。同理,军舰也是可以根据需要改作远洋货轮的。

351. 海上运输方式有哪几种?

　　繁荣的国际贸易离不开运输,更离不开作为运输主要方式的海上运输。根据统计,世界贸易货物的90%都是通过海上运输来实现的。海上运输就是用船舶来运载,按照海上运输的时间、货物的数量和地点、具体要求等,海上货物运输可分为:班轮运输方式和租船运输方式。

　　像铁路运输和航空运输具有严格的航线、班次及固定时间一样,海上班轮运输也有固定航线、固定挂靠港口、固定时间、固定船舶和固定运费等,远洋船舶在船公司事先制定好的航线上往返运输。班轮运输的最大优点在于运输的高效、准确和稳定,充分满足了国际贸易商的交货要求,促进了国际贸易的发展。近 20 年来,海上运输中发展最快的是集装箱班轮运输,更新换代和竞争最激烈的也是集装箱班轮运输。

而租船运输方式则是一种不定期租船运输方式。由国际贸易商根据进出口货物的数量等与船舶出租人订立合同,租用它的船舶。可以租用一个或几个航次来运输货物,也可以长期租用船舶来运输货物。这种运输方式主要运输数量很大的矿砂石、石油、大宗粮食等,承运的船舶通常也是庞然大物,能运载数十万吨。我国许多大型钢铁公司所需的铁矿砂石都是用不定期租船运输方式运进来的。人们日常生活中食用的粮食有的也是由大型船舶运来的。其实,无论是班轮运输还是不定期租船运输,它们都与我们的学习、生活有着极其密切的关系。

352. 海上承运人是怎样划分的?

最初的航海活动起源于中世纪末期的地中海沿岸,那时的海上运输商只为自己的贸易货物运输,他既是贸易商,又是货物承运人。后来,贸易规模积聚扩大,海上运输活动和从事海上运输的商人从贸易活动中独立出来,专门从事海上运输活动,为贸易商提供运输服务。这时的海上运输商以自己拥有的船舶运输货物,一般不租用别人的船舶,人们把它叫作船东或海上承运人。直到现在,这一类承运人仍是国际海上运输市场的主力军,发挥着举足轻重的作用。但是,今天的海上承运人已远不是仅拥有自己的船舶才是海上承运人,有些经营航运业务的公司虽没有自己的船舶,但它们却可以通过租用别人的船舶来组织海上运输活动,也同样可以达到与拥有船舶的船东一样的效果。还有一种海上承运人既不拥有自己的船舶,也不租用其他船公司的船舶,而是揽取货物运输的任务后,将货物运输再分包给其他实际运输货物的承运人,这种名义上是承运人,却不是实际运输货物的人,人们通常称它为无船承运人。实际上,无船承运人在航运市场上,特别是班轮运输市场上占有重要地位。

在现在的海洋运输中,无论是拥有船舶的船东,还是租用他人船舶从事运输的承运人,或者无船承运人,他们都已互相融合、互相渗透,达到经营多元化了。拥有船舶的船东往往还通过租用他人的船舶组织运输,实现从拥有船舶到控制、支配船舶的转变,达到扩展经营规模,提高竞争力的目的。

353. 没有自己的船舶而承运他人货物是否属于欺诈?

在一般人看来,没有自己的运输工具而又为他人承运货物,是不可想象的,要么难以完成运输任务,要么属于欺诈他人,骗取他人的钱物。但在国际航运业发展的数十年里,远洋船舶的拥有量急剧增加,航运供求市场基本形成,船舶租用和船舶代理市场功能也日趋健全,使得许多本没有船舶的公司通过租用他人的船舶或代理他人船舶,从事海上运输业务,它们也是一种合法的海上承运人,负责运输他人的货物,赚取他人的运费或佣金。它们一般被称为无船承运人或国际货运代理人。在国际航运市场上,无船承运人或国际货运代理人揽取别人的货物,负责安排运输,是国际上通行的惯例,一般不会欺骗进出口商,没有很大的市场风险。

354. 航次租船有什么特殊规则?

如果一个实力非常强的国际贸易公司,经营着数量很大的粮食、矿石等货物的进出口业务,那它会如何来运输这些货物呢?除非你的公司自己拥有巨型船舶,一条船舶即可以运送数十万吨货物,剩下的道路恐怕只有一条了,那就是去租用他人的船舶,而且仅仅一个或两三个航次就可以运送完毕。大致看起来比较简单,但实际情形却远非这么直截了当。

租用他人的船舶,首先必须与船东——即船舶的所有人签订航次租船合同。大型船舶的商业运输时间贵如

我国大型油轮"中远大湖"号

黄金,双方都倍加关注和珍惜货物的港口作业时间,这一时间通常叫作装卸时间。合同订好了,如果租客租船装卸的时间超出了规定的时间,那么,租客应按国际惯例和合同给船东赔偿,这笔费用,航运界的行话叫滞期费,就好像说你租客耽误了船期,就得赔偿对方一样。那是不

海洋航运

是滞期费就是违约金呢?其实,滞期费既不是合同的违约金,也不是损失赔偿,而是特殊的合同补偿方式。如果租用船舶装卸时间少于规定的时间,是否能得到一定奖励呢?回答是肯定的。在航次合同中,如果租用的船舶装卸时间少于合同规定的时间,船东就应付给租家奖励,这种奖励行业内叫作速遣费。目的在于奖励租客加快装卸,节省时间,因为时间就是金钱。

355. 租用他人船舶的供应是如何解决的?

船员在船舶上工作一刻也离不开给养、淡水和燃料。必备的给养、淡水和燃料等是船舶维持正常营运的前提条件。当仅仅是租用他人船舶一个或者几个航次来运输自己的货物时,因为船舶运输的有关费用及事务全部由出租方负责安排和承担,所以,租船期间,如发生船员的给养、淡水和燃料等匮乏,难以维持航行时,应该尽快通知出租方,也就是由船东尽快补充。

若是定期租用他人船舶时,发生船员的给养、淡水和燃料匮乏则就复杂多了。国际上通常使用的租船合同中一般都规定船员在航行期间的工资和给养等都由船东负责补充和提供。而作为生活必需品的淡水则应由租船方负责安排,承担相应的费用。无论哪一方的责任,造成船员的给养、淡水和燃料等匮乏,都会严重影响船舶的正常航行,更何况还事关船员生命安全的大局。

356. 海上运输中使用什么作凭证?

目前国际海上运输中使用范围最广、频率最高的运输凭证就是提单。提单是国际货物的发货人向船公司办理了托运手续后,由船公司签发的一张运输单证。发货人取得提单以后,就可以凭其到银行结算货款;然后,银行在收取货款将提单交付给收货人;收货人再凭提单到船公司的船上或仓库中提取货物。提单就是这样不停地在卖方、船公司、银行、买方等主体之间流转,从而实现了国际贸易货物的买卖和转移。当今世界空前繁荣和蓬勃发展的国际贸易主要依赖于海运提单以及由此确立的货物流转机制进行的。提单表明了作为承运人的船公司已经收到货物或货物已经装船了,这就如同托运一般货物的托运单、包裹单一样,因此,它又是一份收据。同时,提单的签发及上面的有关记载等还是海上货物运输合同的证明,可以证明海上货物运输合同的成立、条件等。更特别的是提单是船公司交付货物的凭证,买方或收货人提取货物的凭证。正是这一属性决定了它在国际贸易领域中还代表着货物的所有权。谁拿到提单,谁就可以提货,也有权转让和买卖货物。在很多情况下,国际贸易商还主要是通过直接转让提单来买卖货物,加快货物的流通速度。

357. 船舶是怎样纳税的?

在现实生活中,人们经常看到从事工商活动的单位或个人定期到国家税务局办理纳税事务,履行纳税义务,如果拒不交纳税款,还会受到税务局的罚款,严重的还会查封单位,不允许其继续经营。那么,船舶从事海上运输活动,取得一定的收入后,是否也应按时纳税呢?回答是肯定的。如同其他工商业务活动一样,从事运输业务的

海洋航运

船舶也应依照国家法律交纳税收,它的主要方式是税务局对航运公司的业务收入征收营业税、所得税等,而不是由船舶直接来交纳税收。同时,外国的船舶进出我国的港口还应缴纳船舶吨税。这种吨税主要是根据船舶的载重吨位,分30天或90天不等交纳。而且,外国船舶只有缴纳完船舶吨税后才允许进出我国港口。世界各国基本都规定对外国船舶征收船舶吨税,主要用于港口的基本建设和维护。

358. 外国船舶在港口停留时能任意装卸货物吗?

外国船舶上装载的货物可以随意地装卸吗?我国是怎样对它进行监督的呢?按照规定外国船舶在我国港口

船舶靠泊作业鸟瞰图

停留期间装卸货物的行为不是任意的,它受到了我国海关和海事监督机构等执法机关的严格监督,它从事运输和装卸货物必须首先向当地的海关提出申请,获得海关的批准和放行后,外国船舶才可以装卸和运输货物,也才能够进出境,否则,不能装卸和运输货物。即使在装卸货物的过程中,发现货物已经受到损害或者短少了,也应向海关报告,由海关在现场作出验货鉴证报告,作为处理货物损失赔偿的依据。因此,海关不仅严格监督进出口货物的运输活动,而且还为从事国际贸易活动的企业提供必要的鉴证和帮助。

359. 从事国际运输的船舶可以随意携带物品吗?

人们在日常生活中会看到外国的香烟和香槟酒,它整齐地摆放在百货商场和星级酒店的柜台里,吸引着人们驻足关注。你也许会问:这些外国的香烟和香槟酒是由航行世界各地的远洋船员带进来的吗? 他们在国外能自由地购买外国的香烟和香槟酒吗? 其实,这些外国的香烟和香槟酒并不是远洋船员带来的,它们是按照国家的法律从国外直接买来的,就像从国外市场买来其他商品一样。我国和世界其他国家都对远洋船员在船期间携带的香烟和酒作了严格的限制,只能保存固定的使用量,超出法定数量就会受到海关的处罚,甚至还会影响到船舶的顺利航行。船舶上的生活必需品也同香烟和香槟酒一样,受到严格管理和限制。每当船舶到达外国港口时,海关官员就会对船舶和船员携带的香烟和香槟酒以及生活必需品等进行登记清点,暂时作关封处理,不能随意转移和买卖。等到船舶卸货完毕时,海关官员就可以解除关封,航行的船舶和船员们就可以继续享用香烟和香槟酒了,这也是为什么每到船舶开航时,船上会经常出现一片欢呼声的原因。

360. 物流的发展对海运业有什么作用?

以前,由于生产力不够发达,人们的需求水平还不高,生活所需要的物资、原料或者货物等分别处在不同的领域,"流动"也很缓慢,运输公司主要是将货物或原材料运送到港口或车站就算完成任务了。这也就是一般的运输业务,还算不上发达的物流,最多也只是物流的初级形式。随着物质财富的丰富和国际交换的急剧增加,传统的运输已不能满足人们对货物等的运输和提货的要求,激烈的市场竞争也促使贸易商们更加关注生产,不能只关心运输业务了。他们已经要求运输公司能完整、系统地安排运输活动,就像小溪和日夜奔流的河流一样,不间断地组织,并准时送到预定的地点,可以分期分批地送货。这就是典型的物流业务,它已不是过去的单一运输,也不是船舶将货物运输到港口卸货就算完成任务了。所以,物流将是一种运输革命,海洋航运业将会在这种运输革命中进一步发展和壮大起来。

编后记

世界的未来是青少年的,而世界未来的希望在海洋。21世纪的今天,世界已经进入全面开发和利用海洋的新时代。

在我国青少年中全面、系统地开展海洋知识的普及教育,以适应国际形势变化的需要和未来人类社会发展的需要,是我们当代海洋科技教育工作者的责任和义务。有感于此,我们来自国家机关、高等院校、科研院所、军事机构等40多位海洋科技工作者,花费了三年多时间,精心策划并编撰完成了我国有史以来第一部海洋知识体系最完备、内容最全面的科普图书。

《海洋小百科全书》共20分册,300余万字,110个知识大类,总7000余个知识问答,几乎涵盖了海洋自然科学、海洋人文科学、海洋军事科学的全部基本内容。本书第一版由中国少年儿童出版社于2002年5月出版,2003年9月荣获由中共中央宣传部等国家7个部门联合颁布的"第五届全国优秀科普作品奖科普图书类三等奖"。本书于2007年10月修订再版,现再次修订,由中山大学出版社出版第三版。本次修订在保持原有知识体系和编写风格基本不变的情况下,除进行必要的知识内容更新外,又新增加了《海洋经济》分册,使《海洋小百科全书》的知识体系进一步完备,知识内容更加丰富。

本书自2002年5月出版至今,一直得到社会的普遍关注和广大读者的厚爱,在此,一并向曾经对本书编撰、出版、发行、修订等作出过贡献的人们表示衷心的谢意。

由于本书涵盖的知识内容宽泛,编写任务十分繁重,难免有知识遗漏和编写不当之处,欢迎广大读者提出宝贵的意见和建议。

《海洋小百科全书》主编:关庆利

2010年9月24日

《海洋小百科全书》分类目录

（20分册·110类）

1 海洋地理
  海洋地理大观
  世界海岛揽胜
  海洋地理趣闻
  奇妙海底世界
  海洋地质灾害
  神奇中国岛岸

2 海洋水文
  多姿多彩的海洋
  海水的自然神韵
  海洋与人类互动
  探测海洋的波脉

3 海洋气象
  走近海洋风暴
  探寻海洋天气
  感受海洋冷暖
  变换海洋风雨
  领悟沧海桑田
  俯观海气轮回

4 海洋探险
  古代海洋探险
  近代海洋探险
  现代极地探险
  环球海洋风采

5 海洋航运
  船舶千秋史话
  航海妙趣万千
  惊涛铸造奇闻
  中国航运今昔
  船运业务趣谈

6 极地科考
  挑战人类的环境
  不可争夺的领土
  南极人的生活
  南极生物奇趣
  揭开奥秘的考察
  北极世界的探索

7 海洋生物
  无限生机的海洋
  迷人的海洋奇葩
  璀璨的贝类明星
  威武的虾兵蟹将

微小的海洋居民
多彩的海洋植物

8 海洋动物
奇妙的动物家族
高超的生存技巧
神秘的自然之谜
复杂的生存关系
多彩的情爱生活
狰狞的危险动物
友善的人类朋友

9 海洋渔业
千姿百态捕鱼技术
海洋渔业发展史话
名贵海产品趣味谈
海产品美食与营养
海产品保健与药用

10 海洋化学
海水的趣味故事
海水的化学秘密
海水的化学资源
无尽的海底宝藏
流泪的海洋环境

11 海洋物理
妙趣横生海洋物理
威力无比海洋声学

奇光异彩海洋光学
探索海洋高新技术
四通八达海底电缆
准确无误导航技术

12 海洋工程
人类水下生活
探索海底世界
雄伟近岸工程
海上铸造希望
港口飞架彩虹
旅游方兴未艾
无尽海洋能源

13 海洋科教
著名的海洋科学家
世界海洋科技之最
重大海洋科学考察
世界海洋科研教育

14 海洋权益
蓝色的海洋国土
繁杂的海域划分
激烈的海洋争斗
独特的海运规则
严格的船舶管理
复杂的海事纠纷
神圣的海洋权益

15 海洋经济
海商奠基帝国兴起
追寻民族海商踪迹
当代海洋经济概览
日新月异朝阳产业
夯实蓝色经济基石

16 海洋文学
中国古代海洋文学
中国现代海洋文学
外国古代海洋文学
外国现代海洋文学
中外海洋影视文学

17 海洋文化
海洋神化故事
海洋语言文字
海洋绘画名作
海洋雕塑艺术
海洋音乐经典
海洋民俗风情

海洋著作学说

18 海军兵器
凶悍的汪洋猛鲨
奇妙的掠波剑鱼
神秘的龙宫巨鲸
无敌的长空雄鹰
未来的海战新秀
难忘的千年风流

19 古今海战
古代海战追踪
近代海战掠影
"一战"群雄争霸
"二战"邪灭正兴
现代海战大观

20 海洋军事
海军兵力纵横
海军礼仪风采
海军名人传奇
海军趣闻轶事